少年相思在长安

唐代诗人的不羁人生

陈舞雩 著

SHAO
NIAN
XIANGSI
ZAI
CHANGAN

江苏凤凰文艺出版社
JIANGSU PHOENIX LITERATURE AND ART PUBLISHING

图书在版编目(CIP)数据

少年相思在长安:唐代诗人的不羁人生 / 陈舞雩著
. -- 南京:江苏凤凰文艺出版社,2022.3

ISBN 978-7-5594-6593-1

Ⅰ.①少… Ⅱ.①陈… Ⅲ.①诗人-生平事迹-中国
-唐代 Ⅳ.①K825.6

中国版本图书馆CIP数据核字(2022)第015923号

少年相思在长安:唐代诗人的不羁人生

陈舞雩 著

责任编辑 白 涵
策划编辑 李 艳
特约编辑 连 慧
装帧设计 有点态度设计工作室·蜀黍
责任印制 刘 巍
出版发行 江苏凤凰文艺出版社
南京市中央路165号,邮编:210009
网 址 http://www.jswenyi.com
印 刷 三河市兴国印务有限公司
开 本 880毫米×1230毫米 1/32
印 张 9.5
字 数 212千字
版 次 2022年3月第1版
印 次 2022年3月第1次印刷
书 号 ISBN 978-7-5594-6593-1
定 价 49.00元

江苏凤凰文艺版图书凡印刷、装订错误,可向出版社调换,联系电话 025-83280257

自古逢秋悲寂寥，我言秋日胜春朝。
晴空一鹤排云上，便引诗情到碧霄。
——刘禹锡《秋词二首·其一》

目录

第一章 应物兄

曾经的他活在盛唐，可以放肆地躺在草地上，欣赏一片风和日丽的景象，聆听黄鹂悦耳的歌唱。

可随着春潮带雨的打击，冲垮了曾经的静谧，大唐的每个人都不得不在这一场狂风骤雨中长大。

再一看，所有人都发现，渡口那只无人驾驭的船，正在雨打风吹的水面上，驶向未知的远方。

一

只有我爱过人，我才写故事。

以前，我是个自私的人，从不会爱任何人。

追溯我记忆的起点，是开元盛世，那个已经逝去的盛唐时代。

那时节，盛夏的阳光汇成一束，照耀着煌煌的长安城。

我总爱懒洋洋地躺在绿茵地上，仰望万里无云的湛蓝天空，那明净如洗的湛蓝是最广阔的存在，一如当年盛唐王朝的包容。

我叫韦应物，一个用文笔记叙时代变迁的人。

开元二十五年（737），我出生在长安城南。

当时，城南有两大家族，一韦、一杜。我便出身于京兆韦氏。街头小巷有句顺口溜叫“城南韦杜，去天尺五”。意思是，我们韦家与杜家，距离天子不过一尺五寸，可谓近水楼台，比如你们熟悉的杜甫大哥，便是杜氏家族的子弟。

自幼，我就站在家族的肩膀上，抬眼就能看到一望无际的前途。

十五岁时，别的孩子还在钻研诗书、进京赶考，我已在家族的庇护下，以门荫入补“三卫”，担当起了皇帝的御前侍卫。

那时，我是一地痞无赖。由于有天子和家族撑腰，我在长安街上横行霸道，无人敢惹，还结交了不少江湖亡命之徒。

要有兄弟犯了事，我都会包庇他们藏到家里，晚上则流连于青楼楚馆，甚至还勾搭过已婚的少妇。司隶们即使知晓了，也因忌惮我的身份，拿我毫无办法。

有一次，我与一个书生发生口角。

他是来京考试的学子，得知我是长安城内著名的恶少，骂我："你不过有个好爹而已。"

我懒洋洋地歪着脑袋，语气讥诮地说："你这是在忌妒我？"

那书生愤恨道："可叹我十年寒窗，却依旧无法将尔绳之以法。"

我不屑道："我家几代人的努力，凭什么输给你十年寒窗苦读？"

在我刺耳又得意扬扬的笑声中，书生愤愤离去。后来听闻他做到了宰相，真令人感到不可思议。

在那些年的记忆中，似乎还有不少身影，在那个镀了金的年华隐隐闪现。

我记得，有个姓贺的白胡子老头，曾经到我家中做客，我还揪过他的胡子；有个醉鬼，一袭白衣，整日饮酒作诗，连皇帝与贵妃都对他赞不绝口；印象最深刻的是那个会弹琴的王右丞，他面容清逸，风姿绰约如神明，据我父亲说，他本是天之骄子，却因世人的贪欲而跌入地狱。

我还认识些从军塞外的好友，那个姓高的家伙与我一样，也是贵族子弟，却不甘补入宫闱，反而跨马扬刀，前往东北、陇右，用手中刀剑挣功名；还有那个一从安西回来，就要拉我去喝酒的小哥，我最爱听他讲述在西域的故事，有时我甚至幻想，有朝一日我也得去他所说的那一方诡谲天地瞧上一瞧。

还有王昌龄、王之涣和他那个从南方来的农夫客人，他们友人一起写诗，我便趴在桌子底下睡觉，偶尔揉揉惺忪的睡眼，走出去，正巧撞上刚刚壮游而回的杜大哥，他的父亲刚刚去世。在不久的未来，他将孤身一人行走于倒刺遍地的荆棘丛中。

那时长安街头的小贩们无须费力就可以招揽大批的孩子去光顾他的杂货摊；那个卖珍珠的波斯大叔，白白胖胖的，总是会满面笑容地给过往的行人介绍自家的宝石货真价实；还有远从拂菻国而来的使团，经常在大街上孜孜不倦地宣传着一些稀奇古怪的教义。

那时候的大唐王朝歌舞升平，长安城中的欢笑声此起彼伏，一切的一切都美好到不像话。

可直到那一天，当安禄山的曳落河踏入长安城的那一刻，生活在大唐盛世的人们终于回想起了，那曾经一度被战争支配的恐惧。

而我，就站在韦曲的高台之上，眼睁睁看着繁华被兵戈埋葬，也只能呆若木鸡地叹上一句："亲娘嘞，这很可能影响仕途呀。"

二

天宝十四载（755），一场突如其来的叛乱，腰斩了记忆中那个蒸蒸日上的帝国。

起初，只是河北诸州相继沦陷，当时没人在意这场灾难，直到它与每个人都息息相关。

皇帝让封常清前往东都洛阳布防，之后还派出了高仙芝助战，有两位帝国将星坐镇，必能拦截住叛军的咄咄攻势。

可很快传来消息，洛阳失陷，封常清败退潼关，他与高仙芝联合上书，认为应该龟缩城内，静等战局变化。

天子轻信诬告，以“失律丧师”之罪将封常清、高仙芝斩首军中，又派出另一位大将哥舒翰镇守潼关。

不久，叛贼安禄山在洛阳称帝，国号“大燕”，这记巴掌狠狠地扇在了皇帝的脸上，也扇在了每个大唐人的脸上。

不承想，在灵宝一战，哥舒翰中伏，几乎全军覆没，曾经在帝国边野立下赫赫战功的三位将星，在数月之间，竟接连陨落，再也无人可以护佑我们的大唐。

叛军破了潼关，眼见长安城朝不保夕，天子前一天还嚷嚷要御驾亲征，誓与长安共存亡。可当天晚上，他就收拢一批心腹，悄悄地逃往了巴蜀。

我那几日受了风寒，在家中养病，故而没与天子一同逃亡。

于是，我也就亲身经历了那一天。

那一天，叛军的铁骑踏碎了清晨的第一抹阳光，紧接着连大地都在铁马争鸣下震颤不已。

他们狂妄地闯入街市，为首的铺开纸张，开始按图索骥地抓人，皇族、勋贵、官宦，只要是与大唐站一边的，都纷纷摁在闹市斩首示众。

直到有贼兵开始强抢民女，一切都不可避免地走向了失控。

我看着那些无法无天的贼人，眼中映照的却是曾经那个飞扬跋扈的自己，那些过往的画面，如同激流一般冲撞着我堵塞的胸口，痛楚明明是迟钝地泛上来，却又锐利得不像话。

我第一次发现，原来曾经的自己是那么令人讨厌。那些趾高气扬的神态，以及高昂清脆的叫嚷声仿佛只是一场梦，当梦宣布终结的时候，原来的韦应物也就死了。

我们韦氏毕竟也算关中阀阅，叛军不敢招惹太过，是以逃过此劫。但那几日，族中老人严令韦家子弟不准外出，有好几次，有贼兵在韦曲附近徘徊，一度让整个家族心惊胆战。

我一直藏在家中，耳闻的一切都在终结，眼前看到的都走向毁灭，那年的那场大火烧尽了长安，也烧尽了曾经那个荒唐年少的我。

那天，我看到了流落街头的杜大哥。

他告诉我："太子在灵武登基，成了新的天子，还召集了军队前来收复长安。"

我的心中又燃起希望，这些日子我一直被困在家中，那种窒息般的压抑冲击着我全身的血管，却又找不到出口，像压在半空的厚重火山灰一样，只等着一个倾泻口。

可事情没那么简单。

至德元载（756），前来收复长安的四万余义军，在陈涛斜被叛军打得几乎全军覆没。贼兵唱着胡歌，得意扬扬地归来，每个长安人都默默地低下了头。阴霾四合，窒息般的绝望笼罩了整个天空。

很快，安禄山被其子安庆绪谋害。安庆绪全无顾忌，长安的叛军也开始荼毒我们韦家。

我难以忘记那一日，族老奄奄一息，无数族人在火海中奔走哀号，有小孩绝望地呼喊着母亲的名字，可随即就被来抢夺财物的贼兵一刀杀死。屹立关陇七百年的韦家，在这一刻走向了毁灭。

我躲在床下，亲眼见证了族人一个又一个地倒在血泊中。最终，曾经那个不可一世的恶少韦应物，跪在满地的狼藉上狠狠流泪、号啕大哭。

就是在那时候，元苹走进了我的世界。

元苹，字佛力，她家与我家是世交。

此次京兆韦氏遭难，她奉父亲的命令前来查看。在韦家废宅的角落，她捡走了不言不语、静等死亡的我。

我的泪水夺眶而出，被划烂了心脏的委屈在那一刻倾泻而出，她就温柔地抚摸我的背，问："如果时间重来一遍，你会怎么选择？"

是她给了我第二次生命，让我蔓爬过生命的惨烈，拾起了丢弃的尊严。

那年她十六岁，还是个及笄少女，却愿意嫁给这个劣迹斑斑、一无是处的我。

我受宠若惊，不安地说："我只是个游手好闲的破落子弟。"

可她只是看着我，那眼神不是炽烈，也不是含蓄，更不是需要仰望追逐的爱慕，而是纯粹到几乎让人落泪的温柔。

那年，我与元苹完婚，她成为我第二段人生中的救赎。

她告诉我："你应该去认真读书。"

这句曾经被我无数次嗤之以鼻的话，如今我竟然默默地接受了。

想必这就是成长，也是每个人的必经之路。

三

至德二载（757），收复两京的战役打响。

唐肃宗以长子广平王李俶为大元帅，郭子仪为副元帅，连同从回纥借来的四千精骑，进兵长安西郊，而驻地，就在我们韦曲西南的神禾原。

历经半日激战，唐军成功赶走叛军后次日入城，收复了沦陷长达一年多的长安城。那一刻，老百姓们夹道欢迎，我更是混在人群中涕泗交流。

唐军在长安停留了三日，再度向东进发，连下潼关、华阴、弘农，随后在陕城一战，借来的回纥骑兵冲垮敌军方阵，叛军大败。夜里，安庆绪逃亡邺城，东都洛阳也被我军顺利光复。

而借兵回纥的代价，就是皇帝曾经许诺给回纥可汗的：克城之日，土地、士庶归唐，金帛、子女皆归回纥。

在长安光复之时回纥兵就想“如约”劫掠，是在广平王的恳求下，长安百姓这才幸免于难的。

乾元元年（758），郭子仪、李光弼等九位节度使讨伐盘踞在邺城的安庆绪，但这次掌握军权的，却不是德高望重的郭子仪，也不是皇室贵胄的广平王，反倒是大宦官鱼朝恩。

九大节度使本就面和心不和，如今还让一介宦官统驭全局，军心自然是一盘散沙。

果然，九大节度使围攻邺城累月不下，河北的史思明发兵来救，让我军处处被动，最终不得不退出河北地区，大好形势，竟在一个宦官的搅局下毁于一旦。

朝廷内，大宦官李辅国把持住朝政，郭子仪很快下野失势，军心涣散，而盛唐最后的将星，号称“尽得王忠嗣兵法真传”的战神李光弼，也因是契丹人的缘故，而遭受了猜忌，前线军队此刻已尽为宦官鱼朝恩掌控。

半年后，史思明代安庆绪而立，带领叛军卷土重来，猛攻洛阳城，李光弼只好退守河阳，疏散洛阳百姓，把东都再次拱手相让。

正与当年太上皇因洛阳沦陷而利令智昏，迫使哥舒翰出击导致

大败一样。如今洛阳得而复失，大宦官鱼朝恩再次催促李光弼进兵，结果在北邙山被史思明打得大败而归。

正当长安再次人心惶惶之时，可能是天佑大唐，史思明之子史朝义杀父自立，叛军发生内讧，再也无精力向西图谋，这给了大唐宝贵的喘息之机。

宝应元年（762），太上皇李隆基、皇帝李亨先后驾崩。曾经的广平王李俶改名李豫，在长安即位，成为大唐王朝的新一任领导人。

新皇登基不久，便让其子李适为天下兵马元帅，以朔方节度使仆固怀恩为副帅，会同回纥援兵，共计十万大军向洛阳进发，一路所向披靡，三次会战，打得史朝义丢盔弃甲，亡命范阳。

这时，代宗再次向河北叛将申明，只要现在归顺朝廷，就可以既往不咎。

这一怀柔策略，让史朝义彻底走投无路，于林中自缢死，最后被手下李怀仙向朝廷献上其首级。至此，历时八年的安史之乱宣告了它的结束。

传信的差役使入长安，皇帝向天下人宣布了这个喜讯。

在片刻的安静后，全城的百姓猛然爆发出一阵喜极而泣的欢笑声。

街道上的人开始奔走欢呼、放声呐喊，认识的不认识的都在相拥而哭。老人安下心来，感慨这天下太平来之不易；有女人泪流满面，她怀中咿呀学语的婴孩也奶声奶气地说：“胜啦，胜啦！”

我想起昔日的盛世烟云，而如今一晃，十载匆匆而过。

此时的我早已不是当初那个少不更事的少年，可在那天我却忽然想到很多人，那些离开了就再也没有回来的人。

爱喝酒的醉鬼，因为站错队险些丧命，后来死在了当涂；那个爱弹琴的王右丞被叛军裹挟，做了贰臣，虽说反正了，可他再也没原谅过自己，最后在家中郁郁而终；当年那个从军边野的小高，在战后一飞冲天，成了封疆大吏；从安西回来的小哥，因仕途不顺，辗转各地；至于杜大哥，我早已失去了他的消息，不知是否尚在人间。

曾经的长安是我们的纽带，带给我们相遇和快乐，这真的是很珍贵的缘分，可谁也不能预见将来，未曾料想到会出现那样一场改变所有人命运轨迹的惊天动乱。

可你们，却真实地存在我的记忆里。那样活生生的，不管离开的时间长或短，都无法磨灭掉。

我也在这迷途中走着，不想知道终点是怎样的，我无法停下也不能停下，不能有空隙去分神想别的事情。直到我看见遮天蔽日的石碑排向地平线的尽头，我哭了，那些曾经的面孔，以及后来都无法记得的名字，真的再也不会回来了。

有些人死了，有些人老了，有些年华也一去不复返了。

可你们记忆中，那个曾经荒唐年少的孩子，已在光与暗、爱与恨、悲与喜中，逐渐成为朝向阳光生长的花朵。

他在长安，等着你们回来。

四

广德元年（763），我再次步入仕途，担任洛阳丞。

那个掩埋在土壤深处的火种，在经历了一季荒芜后，终将熊熊燃烧、光耀四方。

可彼时的大唐局势，却远远没有想象中那么乐观。

安史之乱的爆发，让朝廷调回了镇守安西、陇右的地方军回援内地，给了吐蕃可乘之机，在吐蕃军团的频频进攻下，河湟故地沦陷，安西四镇也断了联。

就在安史之乱平定的当年，吐蕃、回纥联军入寇西陲，天子逃往陕州避难，我带着元苹藏匿在深山巨谷中。吐蕃破长安，在城内纵兵劫掠，此刻的我才意识到，战争还远远没有结束。

这时皇帝终于想起了被罢免多时的郭子仪，在郭子仪组织的反击下，吐蕃人退出长安，百姓们回到城内，看到的是燃烧过后的一片狼藉。

而当初皇帝为了尽早诛灭史朝义，允许了对河北叛将既往不咎，还让他们统率原有兵马，继续掌管所治州县。

可这一政策的弊病很快显现出来，当时安禄山的故地被分为三块，即范阳、魏博、成德三大军区，这也就是后来在中晚唐成为“帝国毒瘤”的河朔三镇。

河朔的三大叛将，虽在名义上接受了中央的招安，可在境内却犹如独立的小王国，他们放榜招徕安史叛军的余党，自行任命境内的大小官吏，州县的钱粮赋税也从不上缴，魏博节度使还公然给安禄山、安庆绪、史思明、史朝义修建祠堂，称他们为“四圣”。

可皇帝由于天下初安、百废待兴，又要应对吐蕃寇边，不得不对河朔三镇的逆反行为忍气吞声，睁一只眼闭一只眼。

我的仕途，也一如大唐的国运般跌宕起伏。毕竟，往事种种不是一句从头来过就可以一笔勾销的，浪子回头，谈何容易？

我知道同僚为什么会讨厌我，他们对我的厌恶甚至都懒得伪装，是一种堂而皇之的情绪。这种氛围在我的仕途生涯中无处不在，稍一松懈，它就会钻进我的心里，而后在漫长的岁月里，自厌、茫然、愧疚慢慢地占据着我的心，让我久久不能释怀。

曾经的我太过滑稽可笑，这是我的罪过，所以，在每个人的眼中我都还是那个仗势欺人的恶少，现在落魄了，当然要踩上几脚，再吐上几口痰！

那些眼神时时刻刻都在提醒，我曾经的经历是多么不堪，多么令人作呕。

只有元苹陪伴在我身边，也许在别人眼里，我活该赤身堕入地狱被黑暗吞噬，可她却愿意舍弃追逐光明而与我同行，再没有尽头的路都会陪我走上千千万万遍。

她会反复告诉我，让我不要害怕，在每个我感觉不安的夜晚，她都会紧紧地抱住我，抹去我愧疚的眼泪，说：“快睡吧，别想那么多。”

直到那天，我见到那个有藩镇背景的士兵欺凌弱小，我的脑海里顿时浮现出往日种种，少年时我嚣张跋扈的脸与那个士兵的脸重合，我冲上前制止住了对方，当场将其惩办，谁的面子也没给。

那次，我向所有人证明了我自己，可也因此而丢了官职，闲居在洛阳。

元苹从来没有因此而对我生气，反而很开心地跟我说："你做得很对，我为你感到骄傲。"

我终于明白，过去其实早就被时间和血液覆盖，积压于大海深处成为化石，跨越了生命的腐朽。那一刻，我像获得新生般如释重负，苦海无边，你若愿回头，总会有个岸边供你去休憩。

大历十一年（776），就在我苦尽甘来，担任高陵宰后不久，她永远地离开了我。

那晚我梦到了她，她在梦里对我微笑，对我说再见，这让我忽然想起那日我离开时，她也是那样对我挥手，轻轻地说着再见。

第二天醒来，我一整天都心有余悸。我连忙交代好官家的事，赶回韦曲老家，得到的却是突如其来的噩耗，那个能让我内心得到安宁的人，能让我在每个噩梦后可以笑出来的人，她不要我了。

去年花里逢君别，今日花开又一年。
世事茫茫难自料，春愁黯黯独成眠。
身多疾病思田里，邑有流亡愧俸钱。
闻道欲来相问讯，西楼望月几回圆。

——韦应物《寄李儋元锡》

老实说，该如何对不想说再见的人说再见，我并不清楚。只是在失去了想要守护的人后，这奈落底、黄泉路，我又该往何处安身立命？

浮云游弋而过，我躺在绿茵地上，却发现太阳橘黄的光流呈网状铺张，倏然遮去满天的莹蓝。

我一直觉得这片绿茵还留在这里是一个奇迹，仿佛不经意间就已经走过，等到回头看才发现，原来已经走了那么远。曾经那个包容一切的盛唐走了，那个只包容我一人的元苹也走了。

仔细去想，原来我已经经历了那么多场离别。以前以为经久不息的美好时光，那些说着不离不弃的人，慢慢地，全都走丢了。

五

建中四年（783），我改任滁州刺史。

这一年，淮西镇的李希烈勾结河朔三镇，掀起叛乱。我从长安赴洛阳的途中，见到百姓为了躲避战乱，成群结队地四处流亡。

有一妇人带着一个少儿，在人流中艰难跋涉，很快被人冲散。我在车上看到，命仆人过去帮一把，对方温言感谢，我见她谈吐不凡，不似寻常人家，便与她一番交谈，才知这妇人出身范阳卢氏，乃五姓七宗之一，论门第还在我京兆韦氏之上。故邀请他们上车，载了他们一程。

途中，我看向妇人的儿子，不知怎的想起了我的诸友，于是赋诗一首，准备到洛阳让信使递去。

殊不知待落成后，那少儿却伸过头来，看得入神，我便问他：“你能看得懂吗？”

孩子点头，居然还一字一句念了出来：

云树怆重叠，烟波念还期。
相敦在勤事，海内方劳师。

——韦应物《寄大梁诸友》（节选）

这孩子念完还感叹一句：“先生果然大才，落笔这一句，足以留名千古。”

我看他小大人似的口气，不由得生起几分欣喜，问他名字：“小友，你叫什么名字呀？”

那孩子起身，很是稚嫩地行了个礼，答道：“小子姓柳，名宗元。”

贞元三年（787），我入朝任左司郎中。

那年，我与好友孟郊在郊外游玩，他非要给我引见一友人。

这让我一度意外，因为我印象中的孟郊是个落落寡合的人，几乎没什么朋友，他能给我引见什么人？

直到行至一处寺庙，却见一少年，正在凝神写文。

我静悄悄地摸到旁边，看到文章，忍不住称奇：“这等笔力，可比那所谓的‘大历十才子’要强上许多。”

少年这才发现了我，起身向我行礼。

孟郊凑过来，笑说：“这便是我向你引见的小友，真可谓文采斐然呢。”

我也向少年还了个礼，“敢问小友名讳？”

少年礼貌答道：“小生韩愈，字退之。”

次年，我改任苏州刺史，得以前往江南水乡。

在行船途中，与我同行的有个小伙子，正眉飞色舞地在和大人们探讨国家大事。

他张口宫市宦官、心腹之患，闭口藩镇之乱、肘腋毒瘤，唬得船客连连惊叹。

我低声问旁人："这少年是何人？"

那人显然见怪不怪，笑答："他姓刘，名禹锡，可是个狂妄的小伙子呢。"

我心领神会地说："这点我看出来了。"

在苏州的这几年刺史生涯，我最喜欢的就是与江南名流开办宴会，诗酒相伴，好不风流。

贞元五年（789），恰逢文坛大诗人顾况被贬为饶州司户，途经苏州。我与他饮酒唱和，互相对诗，几个回合下来，顾况不敌，可还不服输地说："我前年在京城识得一少年，文采惊艳，若他在，定可胜汝。"

说起少年、长安、文采惊艳，这几个关键词拼接起来，我脑海中不由得浮现出韩愈的面容来。

我便问："你口中的少年，可是姓韩？"

顾况连连摇头道："什么姓韩？那少年的名字古怪得很，姓白，你猜叫什么？哈哈哈哈……"

贞元七年（791），我卸任苏州刺史，却迟迟没有得到新的任命。

这些年，我为官几乎没攒下什么钱，连返回长安的路费都凑不出，索性就寄居在苏州永定寺。最后的那些时光，我总是回想起少年时的自己，面对着西北的方向望穿秋水。

十几年前，我在平康坊的低迷中横行霸道；十几年后，我在永定寺的夕阳下晨钟暮鼓。

十几年前，我在长安人的畏惧中趾高气扬；十几年后，我在苏州百姓的心中永垂不朽。

当年大唐的一场动乱，带走了一个少不更事的少年，却还给历史一个为民做主的清官。

或许在百年后，人们都知道历史上曾经有过那样一个人间炼狱，却不知道有那样一个涅槃的少年，他在多舛的命途中成长为男人，以神圣的姿态，决绝地撑起了一片天空。

韦应物变了，盛唐也变了，历史兜兜转转走向了中唐时代，而这一转折，其实就藏在他的一首诗中：

独怜幽草涧边生，上有黄鹂深树鸣。
春潮带雨晚来急，野渡无人舟自横。

——韦应物《滁州西涧》

曾经的他活在盛唐，可以放肆地躺在草地上，欣赏一片风和日丽的景象，聆听黄鹂悦耳的歌唱。

可随着春潮带雨的打击，冲垮了曾经的静谧，大唐的每个人都不得不在这一场狂风骤雨中长大。

再一看，所有人都发现，渡口那只无人驾驭的船，正在雨打风吹的水面上，驶向未知的远方。

第二章 先生不死

他离开的时候，王廷凑瞧着他的背影，忽然感觉花了眼，好像看到了颜真卿，又好像看到了董晋，或许只有继承了先人代代传承下来的意志，他才能如此淡然地面对死亡，就好像早已看过命运的剧本，他要做的只不过是从容走向一个既定的结局一般。

一

那年韩先生死了。

他死亡的消息刚传出来，全大唐的教徒们就掀起了一场狂欢。他们欢欣鼓舞，发出恶毒的诅咒，说他死后堕入了饿鬼道，受尽饥饿之刑，永世不得超生！

这让我忽然想起韩先生死去那日，他面容枯槁地跟我说，自己的生平没有大失节的地方，可以见地下的先人而无愧，这是他的荣幸。

记忆中的韩先生是个木头人，常年喜怒不形于色，可弥留之际的他却释然地笑了，说："给点欢声吧，给点笑语吧，既然故事已经落幕，就得结束得欢欢喜喜，何必弄得哭哭啼啼的？"

后来他还是离开了，眼神放空、笑容恍惚，面容安详地倒在了我怀里，就好像是乖乖地睡着了。

我忽然就替他难过，明明经历过的悲伤绝望不比他人少，他却从未向谁诉说过他的苦痛。

那日，长安的教徒欢呼雀跃，而长安的百姓们肝肠寸断。

我见到韩先生的慰灵碑前满是白菊、树木常青。原来不论经受多少非议，仍会有人永远守在那里，用微不足道的爱守护着他，所以最后死去的他，依然带着至死不渝的信念，与他深爱的每一个人同在。

二

韩先生和教徒的梁子，结在元和十四年（819）。

那年，皇帝闻知凤翔法门寺内，存有释迦牟尼圆寂后留下的舍利。彼时大江南北遍布佛寺，香火鼎盛，门前信徒络绎不绝，连天子也是虔诚的信徒。

故而皇帝听闻有舍利现世，忙派中官前往法门寺，将舍利迎接回长安城，欲亲自供养于宫内三天三夜，以示皈依。

皇帝带头，各地官员争相谄媚，全国上下不论王公贵族，还是贩夫走卒，都掀起了一阵礼佛风尚，还有的人不惜废家舍业、自断手臂，以求供奉。

每个人都喜气洋洋，共襄这一迎佛盛举，长安街头张灯结彩，皇帝亲临十里长街，恭迎舍利入朝，福佑大唐万民。

此时，一人昂首走出，一封奏章直达御前，公然唱起了反调。

——佛者，夷狄之一法耳，不足事！

众人鸦雀无声，皇帝面色铁青，可那人浑然不觉，依旧滔滔不绝。

他说，自从东汉传入此教，登时天下大乱，可见其根本不足信奉。至于释迦牟尼就算活在今天，也不过是一化外蛮夷，天子肯见他一面，已然是他的殊荣，更别说只剩下一截儿指骨，怎能让它出入宫禁？所以这指骨还不如烧了算了。

这封奏章，即历史上大名鼎鼎的《谏迎佛骨表》。

上奏者不是别人，正是韩先生。

皇帝不可能因他的抨击就终止这种行为，反而龙颜大怒，欲处韩先生极刑，幸亏宰相裴度上奏论救，这才得以保住他的性命。

死罪可免，活罪难逃，韩先生的处分决定下来：贬谪潮州。

当天下午，韩先生一人一马，在凛冽寒风中拉起孤独的背影。

蓝关的大雪纷纷扬扬，整个秦岭银装素裹，空中的云层横在天际，与堆积的厚雪上下相连，天与地浑然一体，全世界都变成了纯白色。韩先生穿好官袍，一路上体体面面地行至此处，马蹄伴着咯吱咯吱的响声，最后再也走不动了。他望向绵延千里的秦岭山脉，喟然一声叹息。此行的目的地，还在秦岭往南的千里之外。

他的头发被光照射得微微发白，在得知那封奏疏什么也没有改变时，原有的那份体面彻底溃不成军，一股子疲惫涌上心头。他只是卑微渺小的人，实在不知道究竟怎样才能拯救这个病入膏肓的王朝。

一封朝奏九重天，夕贬潮州路八千。
欲为圣明除弊事，肯将衰朽惜残年！
云横秦岭家何在？雪拥蓝关马不前。
知汝远来应有意，好收吾骨瘴江边。

——韩愈《左迁至蓝关示侄孙湘》

自大唐立国以来，佛教在中土生根发芽，到了武则天时代，女皇欲借宗教影响来巩固皇位，大力倡佛，使得佛教迅速发展，一度凌驾于儒、道之上。

彼时的教徒，十分原始、狂热，乃至恐怖，无数的人不惜倾家荡产前去舍身捐物，而寺庙也霸占着大片的土地，不纳税、不服役，常年空耗着国家的资源。

起初，百姓出家还须官府开出度牒，僧尼数量尚有限制。可自从安史之乱爆发，朝廷的前线大军迫切需要军饷，为了筹措钱粮，有的官员决定出售度牒，只要交钱，就可以得到出家的许可。

这办法确实可以在短期内得到一大笔军费，但弊病也十分明显，就是到了中唐，举国上下僧尼遍地，而官府又规定方外之人是可以免税役的，这相当于变相让国家少了大量的税源，偏偏朝廷还得花钱粮去供养这些人。随着此教的盛行，天下从释，甚至许多皇帝也已成为忠实的教徒。上有所好，下必甚焉，自此天子沐浴斋戒、亲迎舍利，一旦被天下百姓看到，只会引发新一轮的狂热。

韩先生必须阻止它的发生，这是他选择的路，坚定不移。其实他也知道，在那个万众瞩目的盛举上，自己这一声反调会是多么刺耳，不单皇帝与百官会嫌他扫兴，可能连不明真相的百姓也会认为他在多管闲事，甚至埋怨他不敬神佛。

这次，他不是与奸臣作战，他的身后没有千千万万的百姓撑腰。敌人是那个虚无的偶像，是那些扎根在无知百姓心中的封建迷信。

即便他是为了所有人，可没有人会支持他，甚至不会理解他。

他到底为谁而战？分明身后空无一人。

可多少年前，有个人告诉韩先生——你的骨头是硬的，脊背是直的，不论遇到怎样的敌人，都不准低头。

眼前的大地一片白茫茫，这样一个清平的世界就是他一直以来记忆里的颜色，华发苍颜也不会淡漠消散，就算为了所有人而与所有人为敌又如何？这些年来，他在黑暗的另一边追求着光芒照射的地方，纵使飞累了也没有想过要收起自己的翅膀。

那年的蓝关有一个骑着马的男子缓缓走过。

他注定要奔赴理想的地平线，注定要把这场轰轰烈烈的生命炫耀到所有人的面前。

他的名字叫韩愈。

三

韩愈，字退之，河内河阳（今河南孟县）人。

他的人生就如同一场未知的追溯，茫然却已经走过，等恍然大悟的时候已经伤痕累累，只剩下了断壁残垣，不经意间打动了我们所有人。

他自幼丧父，兄长又在朝廷上站错了队，被贬到韶州当刺史，小小年纪的他跟着兄长远赴蛮荒，可没几年兄长也郁郁而终。

他是被嫂子郑氏养大的。

韩家是个大家族，拖家带口一百多号人，韩愈的兄长死后群龙无首，大伙都仰仗着郑氏拿主意。郑氏也不愧是女强人，她当机立断，带上所有韩家人毅然北上，把丈夫归葬在家乡河阳。

可那几年朝廷要削藩，藩镇也不肯坐以待毙，中原一时间烽火连天。在韩愈的回忆中，为了躲避战火，他们一直过着游荡的日子，没有固定的住所。

他们曾去过一个村子，那里终日下着大雨，村里人烟稀少，布满阴霾的天空不时打过响雷，沉闷得让人不想说话。

他的小侄子十二郎被雷声惊吓得害怕，就缩在他的怀里，他紧紧抱住十二郎，稚嫩的指纹印揉在他脸上。小孩倒不委屈了，可他抬起眼来只剩下茫然，明天的路在何方，他也不知道。

郑氏走了过来，抚摩他们俩的脑袋，温声地安慰他们。

记得那晚，嫂子的眼神很复杂，她语重心长地说："韩家的两代，现在只靠你们俩了。"

那时十二郎还小，眼睛忽闪忽闪的，没听明白这话何意，而韩愈也是到了后来，才能体会到这话里隐含的悲切。

一遍遍地回想起这些定格在思绪里的片段，他感觉那些丢失了无数影子的往日，就好像那些过去终究成为过去。

他怀念那个带着他一起漂泊江湖的女人，替他遮风挡雨，从不会在他的面前流泪，她教育他说：“你的骨头是硬的，脊背是直的，将来不论遇到怎样的敌人，都不准低头。”

他也怀念那个明眸皓齿的少年，那些与他毫无顾忌放声大笑的日子，他给十二郎的爱就如同沉淀在灵魂中的回忆，多少奔腾不息的光阴也带不走那些年默默铭记的童趣。

其实想念只是一种仪式，真正的记忆与生俱来，那些曾经无处安放到满得快要溢出的生命，曾经给予他美好而奢侈的方式，用以修饰人生的平凡。那些愉快最终因为过于短暂而在回想起来的时候变得伤感，而那些伤感却会因为让人刻骨铭心而变成了回忆中的快乐。

所以在多少年后，当嫂子与十二郎都先他而去，在他写下的《祭十二郎文》中，不止一次地问自己——这些年来，自己为了追求仕途而选择离开他们，真的做对了吗？

四

韩愈年少时，曾有一梦。

在梦中，他被强行吞下一卷丹篆，旁边还有一人在拊掌大笑。

他顿觉惊恐不已，从梦中惊醒，醒来之后还觉得像有什么物体黏在胃中一般，这令他久久不能释怀。

贞元二年（786），韩愈初赴长安，他的梦想在这一天迈出里程，一路走一路成长，可他却在进士科场上一连落榜了三次。

他不聪明，天赋也不好，多少流言蜚语传进耳朵，都是讥笑和讽刺。

没有人知道，他常常孤独地自省，然后用孩子般的调皮和我行我素塑造着他的存在，其实他也会有突如其来的倦意与悲观，却依然在回忆中孜孜不倦地努力。

贞元八年（792），他遇到了进京赶考的孟郊，这人怎么看怎么眼熟，细思极恐下，他发现这不就是当初梦中那个拍手大笑的人吗？

至此，他与孟郊成为至交。

也就是在那一年，韩愈第四次参加进士考试，成功登科。

可是按朝廷的规矩，在礼部登第后，还要参加吏部的铨选，也叫“博学宏词”科，孟郊带给他的好运没能延续下去，这次他又名落孙山。

就在当年，他的嫂子郑氏病逝，这个女人临了也没能看到韩愈如他兄长那样身着青衣、雁塔题名的模样。

韩愈匆匆回乡，历来只有给父母丁忧一说，可韩愈固执地给他嫂子守了五个月的孝。

其实他有好多话想在衣锦还乡后再和她好好地说，可现在所有的话语都只能冻结在唇边，那些身影的离开总会裹挟着仅有的时光呼啸而去。多少未曾出口的谢意到了最后时刻，一切都已经来不及。

他在墓前抬头仰望，好像看到了那个女人对他殷切的爱，那些拳拳之心如同即将凋零的木兰，盛放了却又枯萎，宛如短暂的相聚和永久的离别。

自他出生她就告诉他，他的骨头是硬的，脊背是直的，所以他不会哭。

可滂沱大雨忽然浇灌而来，墓前的韩愈借着雨水的掩饰就此沉溺下去，酸涩的液体扩散至眼眶游弋许久，终于在眼角处不可抑制地溃散。

郑夫人，你看见了吗？他哭了，你最心爱的小韩愈，他在你的墓前为你哭了。

五

多年以后，人们在韩文公的手写卷中发现一段潦草的字迹。

仆在京城八九年，无所取资，日求于人以度时月。当时行之不觉也，今而思之，如痛定之人思当痛之时，不知何能自处也。

——韩愈《与李翱书》(节选)

纸张上的字迹模糊不清，天晓得是多少年前的东西，还被好好收藏着。不过那些描摹的字迹里，依稀还是可以看出这一笔笔都遒劲有力，足见重视。

自从郑氏去世，韩家生计日蹙，韩愈又迟迟过不了吏部的铨选，之后又一连两次应试，皆遭遇失败。在无可奈何之下，他放下脸面、四处干谒，可每次的上书都石沉大海，他以千里马自喻，叹志向不得舒展。

世有伯乐，然后有千里马。
千里马常有，而伯乐不常有。

——韩愈《马说》(节选)

他见惯了各式各样的嘴脸，终于渐渐了悟，其实过早地看透人心和世事并不是好事，那样会对爱恨都不再执着，慢慢地人生就会自空虚中生发出倦意。

所以，尽管他在长安跌跌撞撞走不出去，被困在牢笼里动弹不得，他还是既可不卑不亢，亦可能屈能伸。没那么多解决不了的问题，没那么多不可跨越的关隘，人始终要大气点好。

在长安困顿的八九年间，他的记忆那么鲜活，不过正是因为有孟郊、十二郎等人的存在，让他再回头看时，才发现虽然薄凉，却也依旧无恙。

直到多年以后，他遇到了一个名叫李贺的少年。少年沉默寡言，没人知其内心的孤寂，可他看见了，发现少年和他那么像，仿佛依稀辨得年少时候自己的影子，于是他恍然地笑了。

这是后话，暂时且不提。

六

韩愈是这样的一个人，即使给他一个毫无波澜的调子，没有平仄起伏他也不会在意。贞元十二年（796），韩愈没再死磕“博学宏词”科，他转投宣武节度使董晋，在地方藩镇的幕府内担任了一名推官。

自从安史之乱平定后，在唐代宗的姑息下，安史余党割据河朔三镇。到了唐德宗继位，一改其父的绥靖政策，以强硬的姿态着手削藩，河朔诸镇抱团反抗，战事在中原爆发，史称“建中之乱”，其战况烈度不在当年的安史之乱之下。

朝廷大军起初连战连捷，眼看要大功告成，可谁知原本去讨贼的大将李希烈突然临阵倒戈，占据淮西与藩镇一起对抗朝廷。皇帝派名臣颜真卿前去招抚，然而李希烈非但不领情，居然还残忍地杀害了去抚慰的颜真卿。

最终，这场由唐德宗发起的削藩战争以失败告终，不但河朔三镇割据如旧，连原本归顺的淮西镇也独立了出去，皇帝颜面扫地，中央在地方上的威信更是一落千丈。

这本书提及的，关于韩愈、白居易、柳宗元等人在孩提时的记忆为何都是颠沛流离，其实都是在躲避这场战争。

到了韩愈的年代，藩镇悖逆已成常事。比如以这次入幕来说，宣武军驻扎在汴宋，最初是宣武节度使李万荣中风，昏迷不知人事，他儿子李迺想世袭节度使，李万荣同乡心腹邓惟恭与监军俱文珍将其押赴京师，汴州军事由邓惟恭暂为代管。

朝廷得知讯息，让董晋新任宣武军节度使前去汴州安定军心，而韩愈就当了这次去汴州的随员。

他们一行到了郑州，也没见人来迎，一时间人心惶惶，因为在中晚唐藩镇叛逆，士卒擅杀朝廷派来的官员是常事。有人建议，让董晋他们先不要进汴州，再观望一阵子。

董晋一口否决，他们一路疾行赶到了离汴州城十多里地的时候，邓唯恭才出城相迎，其实邓唯恭当时也打算作乱，想煽动士卒杀掉董晋自代宣武节度使，但谁知董晋一行来得太快，邓唯恭还没准备好。而董晋到了以后，先给三军将士来了一通演讲，迅速收拢了军心，这下邓唯恭再也掀不起风浪，只能乖乖认命。

他当时对韩愈说：“这些个士兵呀，看着凶，但他们也都是可怜人，你让他们知道你都是对他们好，就可以收拢他们的军心。”

韩愈听着董晋语重心长的话语，还是不能理解，只是似懂非懂地点了点头。他不知道，正是这番话，在多年以后让他做成一番令朝野刮目的成就。

很多人只知中晚唐时期藩镇割据，可对到底割据成什么样没有很深的理解。从汴宋一事就可以看出端倪，宣武军还不似河朔那样公然割据，朝廷治下的恭顺藩镇都尚且如此暗流汹涌，更别谈那些山高皇帝远的藩镇了，可见当时离散的不只是时局，还有人心。

韩愈在汴州入幕期间，写过一篇《送汴州监军俱文珍序》，这个俱文珍就是起初平定汴州之乱的宦官，这人后来一手酿造了刘禹锡、柳宗元的人生悲剧，所以在历史上一直都是个丑角。不过就目前来看，韩愈和俱文珍其实关系匪浅，只不过历来史书上为了韩愈的名声对此都讳莫如深，在此权且一提，之后的篇章会有详细介绍。

不过真正令人注意的，还是韩愈在担任推官的这三年间，他的散文主张也渐渐初具雏形，最终与柳宗元一起携手发起了中国文学史上赫赫有名的“古文运动”。

七

我对韩愈最初的印象，是他给张籍写的一首小诗：

天街小雨润如酥，草色遥看近却无。
最是一年春好处，绝胜烟柳满皇都。

——韩愈《早春呈水部张十八员外》

当时我就喜欢上了韩愈，不是因为我对这首诗情有独钟，而是

这首诗朗朗上口不说，字数还少，太好背了，要是中小学阶段都是韩愈的诗，那岂不是造福广大中小学生？

这之后我就再也没在义务教育阶段见过韩愈的诗，可能各位都有印象，就是韩愈之名虽如雷贯耳，知道他是唐代的诗人，可是我们却很少学习过他的诗，反而经常见到他的文，譬如《马说》《师说》之类。

直到如今，我才知道韩愈的诗句是出了名地“以丑为美”，他与孟郊一起开创“韩孟诗派”，还收了一群韩门子弟，如贾岛、李贺等人，其作诗特色就是避熟就生、标新立异，比方说这首：

水龙鼍龟鱼与鼋，鸦鸱雕鹰雉鹄鹍。
燖炰煨爊孰飞奔，祝融告休酌卑尊。

——韩愈《陆浑山火和皇甫湜用其韵》（节选）

咱先别管这首诗讲什么，就单说这字你不查阅字典可能都认不全。

不过，真正令韩愈声名大噪的倒不是他的诗，而是他的文章，正是他开了唐宋时期古文运动的先河。

什么叫古文运动？

一言以蔽之，就是提倡散文，反对骈文。

上一部提到过，六朝以来流行的骈文，片面讲究声律、辞藻、排偶，却忽略了文章最本质的内涵，如王勃的《滕王阁序》其实就是一篇骈文，只不过王勃本身的才气盖过了这种文体的短板而已。

换句话说，这帮写歌词的为了押韵，什么狗屁不通的句子都能写出来。

这让韩愈看不惯，于是他提出：“我们写文章应该言之有物，而不是无病呻吟。”

他给出的具体办法，就是学习先秦和秦汉时代的散文家，譬如孟轲、扬雄等人，让年轻人不要拘泥于格式声律，而是应该文以载道，着重表达出文章的核心思想。

此如王勃的《滕王阁序》，文采斐然、千古无二，可你乍一看去，感觉好像就是金句频出、典故堆砌，有点“炫技”的嫌疑，整篇文章看下来，就感觉这篇文章文笔真好，但就是不知道他到底想表达个什么意思。

除非你看过上一部“少年”第一章王勃的故事，不然这种骈文一看，只会有种不知所云之感。

但韩愈的文章不一样，他的《马说》《师说》文笔并没有骈文那般惊艳，字字朴实无华，你一遍读完，就知道韩愈到底想告诉你什么。

我是个肤浅的人，不明白文学上的那些个圈子，只是不论阳春白雪也好，下里巴人也罢，至少应该谨记一点。

那就是文章要言之有物，切忌空洞无味，用一句话概括就是——你写点地球人能理解的东西，这很难吗？

八

贞元十五年（799），随着董晋的病逝，韩愈的幕府生涯告一段落。

董晋生前与韩愈友善，他让韩愈把自己的灵柩归葬长安，可能是命中注定，这位韩愈的伯乐在冥冥中竟然救了韩愈一命。

他们一行出发才过了四天，汴州就发生了兵变，士兵杀死了留后陆长源，多亏韩愈提前扶灵离开，不然恐怕他也难逃此劫。

死里逃生的韩愈谈及这件事还是心有余悸，这时候他的人生其实还很迷惘，对任何感情都怀有感恩的心，充满了感激和至死不渝的守护，所以在多年以后他的一举一动，似乎隐隐闪现着董晋的影子。

贞元十七年（801），皇天不负有心人，韩愈终于通过了吏部的铨选，我想他这辈子也不想听到“博学宏词”这四个字了。

可刚入仕途的韩愈就得罪了人。

这人叫李实，是皇族远亲，唐德宗身边的红人，在贞元十九年（803）担任京兆尹。那年天降旱灾，李实为了邀宠，在皇帝询问旱情的时候故意说“今年虽旱，谷田甚好”，在大灾之年，不但没有豁免租税，还盘剥更甚，逼得百姓卖房卖田。当时民间有歌谣描述百姓穷困之状，被李实听到，居然以诽谤国政的罪名将传播歌谣的人统统处死。

这件事韩愈看在眼里，再也难以忍受，他上奏请求减免或者延缓征纳赋税，为此被李实攻讦，皇帝偏听偏信，把韩愈贬黜到了连州阳山去当县令。

当不公在现实中涌动，仍会有人愿意用眼睛连接蓝天，以身躯融在苍穹。命运的轨道桎梏不住为国为民的猛士，不论过去多少时间，他们的出现还是张扬的惊鸿一瞥。

不过以后见之明来说，李实贬黜韩愈，将他驱逐出中央，也让韩愈免蹚了一趟浑水，那就是不久后唐德宗驾崩，唐顺宗继位，开始了历史上的“永贞革新”。这场政治斗争的背后，其实是皇帝与太子的暗中角逐。

刘禹锡、柳宗元等人纷纷参与进去，他们站在皇帝这边，而按照韩愈的关系网，他在汴州与俱文珍关系匪浅，俱文珍又是太子的人，所以如果他没被贬官而是留在中央的话，大概率会加入太子的阵营，这样一来他与柳宗元可能会成为毕生宿敌，后来的“韩柳”组合可能也就见不到了。

所以这次李实贬黜韩愈，对韩愈来说或许是不幸，但对学习文学的人来说，真是让人忍不住松了一口气。

真正让韩愈在意的还不是被贬官这件事，而是这一年，他收到了一封家书——他的侄子韩十二郎，死了。

不怕你们笑话，在阅读《祭十二郎文》的时候，我是红了眼眶的，尤其里面有一段是十二郎来信说他近来得了软脚病，发作起来挺疼的。韩愈还不以为意，回信说这种病江南人经常得，没事的。

可谁能想到十二郎就是死在了这种病上。

这让我想起了一些身影，我们每个人都以为离别是会有个隆重的告别仪式的，可是不会，很多人的离开都是突然、意外、猝不及防的，明明前一天还好好地和你有说有笑，今天却已是阴阳两隔。

我能从字里行间看出韩愈的自责，为什么他要这么追求功名，没有把时间用来陪伴家人？为什么在韩十二郎说出自己得了软脚病的时候他却无动于衷？可到现在他已经没有力气再去争论孰对孰错，现在的他正赶往偏僻的阳山县，差不多是在随波逐流。或许自责是维系自己与记忆的纽带，它维系着过往的悲喜，指引人深入未来。当我们遥想变化的未来或回忆过去时，请不要忘记回头看看自己的身旁。

在十二郎离开后，他依旧平静地生活着，看书、吃饭、写文，然后对着空气絮絮叨叨地说一些话，好像就是一个人如从前一样生活，虽然总感觉这样的生活隐隐缺了些什么，有点不完整。

偶尔写文累了，脖颈发酸，他就会顺着窗棂看向外面，依旧有白云蓝天，记忆中阳光朝气的笑脸出现，少年青涩、稚嫩的眉眼，只是定格在了不舍挥手的那个瞬间。

多少次晨曦之下，在一条叫作命运编织的漫漫长路上，在一首名为逝去的歌声中，融为音符，它们在鼓励着韩愈坚定前行。

九

永贞元年（805），唐宪宗继位，是年，韩愈被召回长安，官授国子博士。

这也开始了他的老师生涯，这期间，韩愈扛起了古文运动的大旗，同时倡导“韩孟诗派”的诗歌革新理念，不过有不少人质疑他的履历，而他的做法是用一篇雄文径自回击：

是故弟子不必不如师，师不必贤于弟子，闻道有先后，术业有专攻，如是而已。

——韩愈《师说》（节选）

后来，他的学生被人们称为“韩门子弟”。在某种程度上，韩愈也算得上桃李满天下，深受弟子们爱戴，他不止一次地告诉他的学生，“你们的骨头是硬的，脊背是直的，不论遇到怎样的敌人，都不准低头”。

可能他就是这样一个人，当那些混沌的影响在脑海中清晰，我看到他嘴角弯起的弧度那么优雅和善，仿佛有无数暖阳从中迸发，包裹住人心。

他的人生依旧不疾不徐，一日日更替，直到唐朝的第二次削藩战争。

唐宪宗与祖父一样，面对藩镇割据的现实也意图振作，可他又比祖父唐德宗更狡猾，他没有一上来就和藩镇硬抗，而是潜伏下来，积蓄实力，耐心地等待着削藩的好时机。

首先是元和七年（812），河朔三镇之一的魏博镇内乱，节度使田弘正率领魏博将士归顺朝廷，三镇之一的归来，对唐宪宗来说简直是意外之喜，同时将收复其他叛镇也提上了日程。

元和九年（814），淮西节度使吴少阳死去，他的儿子吴元济想继任节度使，于是串联河朔三镇，给朝廷施加压力，希望朝廷封他当淮西节度使。

唐宪宗敏锐地意识到这是一个机会，当即拒绝了吴元济的上疏，吴元济果然恼羞成怒，进攻朝廷的州府，想用武力迫使朝廷就范。而唐宪宗也不甘示弱，调兵遣将就要收复曾经被李希烈割据出去的淮西镇。

唐朝的第二次削藩战争，就此拉开了序幕。

在战争初期，唐宪宗想起了自己祖父当年的削藩失败，就因本该去平叛讨贼的大将李希烈临阵叛变，导致功败垂成。所以这次唐宪宗格外谨慎，将前线讨平淮西的大元帅换成了自己的贴身大宦官吐突承璀。

这样虽然军队是忠诚了，可各路大军让一个宦官统领，难免心生不服，于是朝廷的几路大军各自为战，前线战况始终不见进展。而吴元济也以“唇亡齿寒”为由，游说成德、淄青两镇，让他们助拳一同抗击朝廷。

有利局面渐渐转向了藩镇一边，淄青节度使李师道更是玩起了“恐怖袭击”，派遣刺客在长安城公然刺杀了主战派的宰相武元衡。

一时间人心惶惶，皆以为这次削藩恐怕也得以失败告终。

当时，另一位主战派大臣裴度也遭到刺客追杀，头上中了一刀，多亏当时戴的毡帽够厚，他本人挨了一刀后滚到了水沟内，刺客没有补刀，这才捡回一条命。

裴度卫伤养好后，唐宪宗派人前来慰问，还给他加官晋爵至宰相，当时朝野上下，如王涯、李逢吉等辈已经开始打退堂鼓，要朝廷止兵休战，为安抚吴元济，就把淮西节度使给他吧。

可裴度却只回答："臣请求亲自督战。"

唐宪宗激动地问："卿确能替朕出巡吗？"

裴度匍匐在地，声泪俱下道："臣与此贼誓不两全！"

元和十二年（817），裴度出征，在此之前，他请出一人担当他的行军司马，与他一同讨击吴元济，而这个人正是韩愈。

提起韩愈，很多人以为他只是一介文人，却不知道他也能上马退万敌。在讨平淮西的战争中，韩愈一到前线，便展示了他鹰一般犀利的头脑，细致、缜密，他从复杂而又漫长的千万战线中，敏锐地发现了一条不起眼的小路。

朝廷的中军大帐中，正在参详地图的韩愈忽然哈哈大笑，笑声张摇而又自负。所有人包括裴度都不解地看向他，可韩愈只是朗然一笑，放言吴元济必败无疑。

因为韩愈在地图中发现了一条通往吴元济老巢蔡州的小路，他说现在淮西的军队都在抵抗朝廷的大军，治所蔡州定然空虚，他建议裴度率领精兵数千，从这条小道奇袭，擒贼先擒王，只要一举捉拿吴元济，我军定然大获全胜。

不过裴度还没能及时采用，前方就传来消息，大将军李愬趁着雪夜提兵出袭蔡州，一举擒拿吴元济，淮西战场僵局顿解。

所有人都替韩愈可惜道："唉，要是早点施行，这功劳就是你的了。”

可韩愈只是低头笑了笑说：“没关系的，都一样。”

曾经被李希烈分裂出去的淮西镇被朝廷大军收复，韩愈又建议裴度，现在朝廷新平淮西，如果当即与河朔开战，一旦战局不利，可能好不容易收回的淮西也会骚乱，倒不如凭借如今的声势，用言辞去恐吓成德镇的王承宗，只要王承宗不插手，他们就可以腾出所有兵力去解决掉淄青镇的李师道。

裴度按计而行，王承宗得到朝廷的书信，果然献出治下两州，表示服从朝廷，而唐军也顺利地进兵淄青，逼杀李师道，之后河朔诸镇慑于朝廷兵威，也纷纷上表臣服。

得到捷报的那一刻，不止裴度和诸将，连韩愈也松了一口气，他回忆起年少时因建中之乱，嫂子带着他与十二郎如丧家犬一样四处躲避战火，又想起他与恩公董晋在汴州的险象环生，情不自禁地轻轻落泪。这样民不聊生的时代，终于可以过去了。

至此，大唐的第二次削藩战争圆满成功，唐德宗当年未了的夙愿，终于在他的孙子唐宪宗手中得以实现。历史学家盛赞这一时期，称之为“元和中兴”。

十

元和十二年（817）十二月，韩愈还朝，因战功授职刑部侍郎，编写《平淮西碑》。

可这时的唐宪宗，在平定藩镇之后，便志得意满，觉得自己弼成盛世、功莫大焉，打了这么多年仗还不能让人享受享受了？

于是，他开始佞佛向道，沉浸于长生不老之术，接下来的事情，我们都知道了——迎佛骨事件。

韩愈的当头棒喝，不但没有让唐宪宗幡然悔悟，还险些招来了杀身之祸，多亏裴度拼死回护，韩愈这才捡了一条命，被贬谪潮州。

韩愈心怀苍穹，却也随遇而安，他到了潮州，发现这里瘴气遍布、民风野蛮。当时潮州大雨连绵、洪水泛滥，本就贫瘠的田地都被毁了，他得知以后，便打马前去视察。

恰逢北面洪水暴发，随从吓得就要拽着韩愈逃跑，可韩愈却不慌不忙，根据地形从容不迫地躲避洪水。他一边分析水势，一边让随从在他走过的地方插上竹竿，作为堤线的标志。后来，他让老百姓依据竹竿来修筑堤坝，果然防御住了洪水的泛滥。

这场洪水过后，随从心有余悸，纷纷称赞，说没想到韩先生是个文人，却有这般胆略。韩愈笑笑，卑劣的人心与溅血的兵戈他都见过了，怎么可能会害怕这区区的洪水？

在韩愈的治理下，原本贫弱落后的潮州，民生事业逐渐欣欣向荣，后来，韩愈离开潮州，老百姓家家户户十里长街地送行。从那以后，潮州人给自己孩子取名时经常带上一个“韩”字，正是为了纪念这位对他们有恩的刺史。

十一

元和十五年（820），唐穆宗继位，韩愈被召回朝廷。

次年七月，河朔三镇发生兵变，成德镇再次造反，擅自杀害朝廷派去的节度使田弘正，部将王廷凑自封留后，向朝廷索要节钺，要继任节度使。

第二次削藩战争的成果，在唐宪宗死后不到一年，便付诸东流。

长庆二年（822），朝廷决定认栽了，封赏王廷凑与成德的士兵。毕竟，这时候朝廷的财政状况已经打不起第三次藩镇战争了。

但是，既然决定要绥靖成德镇，总要选个使者过去通知，而这时候唐穆宗忽然就想到了韩愈，让他担当宣慰使，去镇州安抚王廷凑。

韩愈接到命令，没有迟疑便出发了。临走时，百官都为韩愈担心，因为当年颜真卿就是去宣慰李希烈时被杀害的，这次难保韩愈不会重蹈覆辙。宰相元稹直接叹了声“韩愈可惜”，私底下连墓志铭都替他构思好了。

在裴度的频繁上奏下，唐穆宗也意识到韩愈此去危险，于是又补充说，让韩愈到了成德边境先观望一阵，等局势明朗后再说。

韩愈却笑了，他想起当年他随恩公董晋去汴州的时候，也是有人这么建议的，可董晋偏偏反其道而行之，最终带给了汴州三年的和平。

他说：“不畏死而执君命，是作为臣子应尽的义务。”

他马不停蹄地赶往镇州，看到的是王廷凑带领三军将士拔刀开弓地迎接，这是对方想给自己一个下马威。而韩愈却在三军之中穿行而过，在客房中，他与王廷凑相对而坐，门外就是磨刀霍霍的三军将士，而韩愈兀自面不改色。

王廷凑两手一摊，说：“现在作乱的都是那些士兵呀，与我无关的。”

韩愈听了，故意疑惑道：“天子觉得你有将才，才委你重任，没想到你居然指挥不动士兵？”

王廷凑本想推脱责任，可韩愈突然地反问，把他给弄得不会接了，当即傻在那里哑口无言，一个士兵忍不住上前说：“先太师王武俊为国讨贼，尸骨未寒，血迹未干，现在却要被朝廷当作反贼，这是什么道理？”

王武俊是王廷凑的义父，曾经的成德节度使，在建中之乱中曾经反正归顺朝廷，一同抗击河朔诸镇，立下了大功。可唐德宗因他是安史叛党出身，对他不信任，便想故意架空他，结果导致王武俊与朝廷翻脸，最终带领成德镇再次独立。

王武俊在成德镇中威望很高，这些骄兵悍将不服朝廷，就服王武俊，于是他们借着当年朝廷负了王武俊的事情来质问韩愈。

韩愈只是冷笑道：“亏你还记得先太师。先太师忠于朝廷，他要是看到你们今日造反，估计能气到掀棺材板。天宝以来，如安禄山、史思明、吴元济、李师道等，他们的后代有现在还做官的人吗？”

大家说：“没有。”

韩愈说：“再看看田弘正节度使，他把魏博六州还给朝廷，他的子孙还是小孩的时候就被朝廷授予了高官，你们都知道吧？”

大家说：“可是他太刻薄，我们才造反的。”

韩愈说：“可现在你们却把田公给杀了，这怎么算？”

士兵们理屈词穷，纷纷默声不语。韩愈轻轻地笑了，他想起了当年董晋对他说的，这些士兵看起来凶，其实都是可怜人，没心眼儿，只要你让他们明白你是对他们好的，他们也自然会对你好。

王廷凑这下叹服了，说：“韩公，您直说吧，您要我怎么做？”

韩愈说：“你的军队现在还把神策军的牛元翼围着，什么意思？”

王廷凑说：“好办，我不围他就是了。”

王廷凑吩咐下去，牛元翼突围而出，成德军也不追击，这场镇州兵乱就此消弭于无形。

韩愈离开的时候，王廷凑注视着他的背影，忽然感觉花了眼，他好像看到了颜真卿，又好像看到了董晋，或许只有继承了先人代代传承下来的意志，他才能如此淡然地面对死亡，就好像早已看过命运的剧本，他要做的只不过是从容走向一个既定的结局一般。

十二

韩愈归来，唐穆宗大喜过望，次年将韩愈提拔为京兆尹兼御史大夫，就是当年李实的官职。

晚年的韩愈声誉日隆，当时朝廷依仗的是宦官掌控的神策军，这些骄兵悍将也因宦官撑腰而横行不法，以往的官员没人敢招惹他们，都是睁一只眼闭一只眼。自从韩愈担当京兆尹以后，这些神策将领吃了瘪，在京城中都规规矩矩的。

其实我一直觉得韩愈挺完美的，懂韬略，有手腕，却不会为达目的而不择手段，不论何时何地，他从不算计他人，以不损人利己为前提。所以在晚年他才着了小人李逢吉的道，与李绅一度反目成仇。不过幸亏真相大白，到了长庆四年（824），韩愈在毫无征兆中悄然离世，享年五十七岁。

我虽然知道他要走，可没想到会这么快，他这一生也到了尽头，再也看不见他了。

其实这个结局很美满，毕竟并不是所有的结束都是残缺的，悲伤不会化成河流，反而会被生命中那些温暖而美好的事情所覆盖。

在他临死时，他没来由地说了句：“我兄长最讲卫生，不过活到四十二岁，我生活向来随便，能活到五十七，知足了。”

我知道韩愈为何会提起兄长，他一定是想起了从前，隔着那些茫茫如水的岁月，他看见了流转的时光。

往日已经被岁月黑白成泼墨，回忆还在流连那些最工笔的细节，那时的兄长英姿勃发、嫂子两颊带笑，十二郎也欢欢喜喜地缠在他身边，只是这世界上的很多事不能深究，像烈火熄灭后的烟，贴得越近，越容易落泪。

这个世界也许就是这样，很多人来到彼此的生命中又消失到没了踪迹，那些人消失了，时光开始被淡忘，回忆开始泛黄，想起来牵扯的微笑却也带着疼痛，回过神来满满都是空白。

韩愈离去后，他的声名谤满天下，尤其是他开了道学先河，在当下年轻人眼中太迂腐，不讨喜。

但说实话，你如果说讨厌他，我一点也不介意，因为他活着，不是为了取悦任何人。

可如果这宇宙间真有一个地狱叫饿鬼道，我想韩愈也一定会欣然愿往，正如当年赴任潮州时一样，再腐朽遍地的地方，他也愿意竭尽全力让那里万物生长。

在经历过这么多事情之后，他依然深深隐藏却坚信不疑地向往着他的梦，跨过年少，他可以稳稳站在俯瞰长安的地方，看那天地日月、恒静无言，看那青山长河、世代延绵，就像在我心中，他从未离去，也未曾改变过一样。

第三章

永贞往事

记得当时有两个朋友，他们经常勾肩搭背，在玄都观栽种桃树、在曲江宴吟诗作赋，那时候他们年轻的脸庞上充满笑容，神情明亮、眉目张扬，就好像永远也不会老去一样。

一

刘禹锡，字梦得。

他自幼拜当时著名的诗僧皎然、灵澈上人为师，十九岁便游学两京，在士林中享有盛名。

贞元九年（793），二十二岁的刘禹锡进士及第，一考即中，对比隔壁四战才上岸的韩愈，刘禹锡可谓少年得志、人生赢家。

唐代有句话叫“三十老明经，五十少进士”，五十岁能考中进士，在他人眼中都算年轻有为，后来白居易二十九岁考中进士，在大雁塔提笔写下“十七人中最少年”，已然是人中龙凤，可和刘禹锡考中进士的年龄一比，顿时黯然失色。

那时候的他，身上到处洋溢着自信的光芒，尤其是放榜那日，他骑在马背上，雄傲俯瞰着长安，透出来的孤高风范无人能匹敌。

可一会儿，他就笑不出来了。

就在刚刚，他得知在这届上榜进士的考生中，有一人竟比他还要小上一岁。

从小就争强好胜的刘禹锡直直地从马上栽了下来，他迫不及待地逼问路人：“那人是谁？”

他得到了一个名字——柳宗元，字子厚。

那时候的刘禹锡还不知道，这个名字将会在他的人生中留下浓墨重彩的一笔又悄然离开，最后惹得他余生都不再安宁。

二

刘禹锡很快就见到了柳宗元。

他有着干净的侧脸，简单纯净的目光，那么温暖，让他光是看一眼就立马生出好感。

他连忙摇了摇头，把那些不切实际的好感甩出脑袋，那时候的他就像个倔强不服输的小孩子，有着单纯的好胜心，好似和谁怄气一般在同年考过了“博学宏词”科，依旧是一战上岸，为的就是想证明还是自己更有本事，再对比一下隔壁四战才通过铨选的韩愈，可知此时的刘禹锡有多么志得意满、不可一世。

他通过铨选后的第一件事，便是向吏部的友人打听那个柳宗元考得如何。得到的消息是，吏部的通过名单中没有发现柳宗元的名字。

他正要得意地仰头大笑，可友人转口就是一句，听说柳宗元的父亲死了，他回去奔丧了，压根儿就没参加这次铨选。

刘禹锡兴高采烈的笑脸霎时凝固了，脸色阴晴不定。友人看得莫名其妙，在吏部供职这么多年，还没见谁考了铨选还臭着一张脸的。

他当然不明白，在刘禹锡眼中，所谓的“博学宏词”科有什么难的，那不有手就行？只是他恃才傲物，好不容易逢得一敌手，这次却未能如愿与之一较长短，这顿时令他感到索然无味。

没过多久，刘禹锡也丁忧居家，服除以后被杜牧的爷爷杜佑带在身边实习。在此期间他也听说了，柳宗元服除以后参加了吏部的铨选，也轻松地上了岸。

那时候的刘禹锡总有一个预感，他觉得自己总有一天要和柳宗元相遇，即使他们从没说过话，对方更是不知道有自己这么个人的存在，但他就是有这种离奇而又笃定的信念。

贞元十八年（802），刘禹锡调任京兆府渭南县主簿，不久升任监察御史。

在御史台，他遇到了一个陌生而又熟悉的面孔，正是柳宗元。

刘禹锡终于明白了这是一个怎样的人，他冷静而又睿智，沉默而又温柔，他的眉眼染成了初冬浅夏明秋暖春的人世间，他的轻吟延伸出了一整个世界的不落青天。

也许是苍天弄人，刘禹锡如此目空一切的人，却偏偏遇到了这样的柳宗元。

他们是一个纪元的正反两面：一个天真一个老成，一个任性一个内敛，一个喧嚣一个静默。刘禹锡总是不明白，为什么他的一举一动都会那么从容？为什么他面对谁都可以交谈得那么自然？为什么他总是会微笑着面对每一个人？

本来，全世界没有谁能够让刘禹锡高看一眼，就连皇帝也不行，可直到他遇到柳宗元，终于让他心甘情愿、完完全全地俯首称臣，长长久久、甘之如饴。

当时在御史台还有一个人，是韩愈，他们三人一起谈天说地、畅论古今。刘禹锡用心记录下了这些最温柔的时光，那时候的他们经常去玄都观，唱着最欢乐的歌谣，写出最优美的诗词。他知道何人何事会使自己快乐，所以总眷恋同他们在一起的时光。

贞元二十年（804），韩愈因得罪了京兆尹李实而被贬谪阳山，刘禹锡勃然大怒，正要上疏弹劾李实，被柳宗元拦住，只见柳宗元向他微微摇头，用目光示意，好似是在说：莫急，来日方长。

刘禹锡知道柳宗元是什么意思，当时唐德宗百病缠身，眼见就要命不久矣，太子李诵胸怀大志，在东宫聚集了一帮有志之士，意图等自己登基之后，便着手改革，让大唐焕然一新。

这些有识之士里，就有刘禹锡、柳宗元他们，所以柳宗元的意思是，现在李实有老皇帝撑腰，我们的弹劾不会起到任何作用，只有耐心等待皇帝驾崩，太子登基，那时再一展抱负也为时未晚。

贞元二十一年（805），唐德宗驾崩，太子李诵继位，即唐顺宗。

唐朝历史上鼎鼎有名的“永贞革新”，即将拉开序幕。

三

太子李诵还在东宫的时候，就对父皇的种种政策不满，好几次都想要劝谏，但都被东宫的棋待诏王叔文阻止。

王叔文说：“皇帝不喜欢您，您的劝谏只会惹得皇帝不快，倒不如蛰伏起来，等您当了皇帝后再大展宏图。”

太子从善如流，拜王叔文为老师，对父皇的政策即使不满也从不会表现出来，还在暗地里物色人才，以备将来自己登基后改革所用，而如刘禹锡、柳宗元这两个在当时最惊艳的凌云才俊自然不会逃过太子与王叔文的法眼，早早就被东宫秘密拉拢，收为心腹。

直到唐德宗驾崩，太子李诵即位，终于可以放手开展一场大刀阔斧的改革。唐顺宗的改革集团，主要以王叔文、王伾为主导，刘禹锡、柳宗元为策划，时人称之为“二王刘柳”。

他们一出手，就先收拾了那个贬斥韩愈的京兆尹李实，唐顺宗颁布诏令，将李实贬到通州。据说圣旨一出，朝野民心大振，市井一片欢呼，这个李实平素得罪的人太多，走的时候都是偷偷摸摸的，生怕被老百姓发现半路把他给截了。

他们还罢免损害百姓利益的“宫市”以及五坊小儿，免除盐铁使的月进钱，更是用强力手腕打压藩镇以及宫内的宦官势力，让整个朝野面目一新。

那应该是刘禹锡一生中最得意的年华，他站在大雁塔上对着天空放肆地呼喊，笑得那么开怀，贯彻着他对大唐几近偏执的热爱。

他自然知道，改革是一条不能回头的道路，所以他一次次冲在最前面，什么也不怕，因为他是一只注定要振翅在天际的雄鹰，他的胸怀里还有更广阔的天空供他去翱翔。

他顶上有天，瓦蓝琉璃；脚下有海，波澜万里；这既是他的远方，也是他的苍穹。

可改革哪有那么轻而易举。

唐顺宗李诵早在前一年就得了风疾，虽然神志清醒，但口不能言，在改革期间实际上一直处于垂帘听政的状态，在前台主导革新的一直是王叔文，这不得不让朝野上下生疑。尤其是他们的改革得罪了一大批人，这些人团结在太子李纯的周围，与唐顺宗的改革集团针锋相对，最终疑似发生了宫变，唐顺宗被迫将皇位内禅给太子，保守派获得胜利。

这场轰轰烈烈的“永贞革新”，前后仅存一百多天，便宣告了

它的夭折。

新皇李纯登基，立刻对革新派反攻倒算，王叔文被赐死，王伾被贬后病亡，刘禹锡、柳宗元等八个核心成员，也都被贬到偏远山区担当司马。唐宪宗李纯还特意备注，今后就算遇到大赦，这些人也不在其列。

这就是历史上的“二王八司马”事件，一群有志青年在理想的路途上披荆斩棘，却突然被狠狠地摔进了谷底，且被告知再也不能重见天日，老天给他们开的这个玩笑，未免太过残忍。

四

那年，刘禹锡被贬到朗州任司马，柳宗元被贬到永州任司马。

二人一路同行，再也没有地位之分、同事之别，此刻只有两个共经生死的朋友。

刘禹锡到朗州后，经常会给柳宗元写诗，寄托殷切的思念，书信里没有大吐苦水，反而是鼓励他积极向上，天无绝人之路。

他相信，自己与柳宗元是同一片温暖水域里的鱼，也许偶尔会被水草缠绕，但因为彼此温暖的呼吸，所以都不会是死结，总有挣扎求生的方法，只是自己暂时还没想到而已。

我本以为他这样自命不凡的人，谪居在朗州会牢骚满腹、要死要活，可谁知他只是随意地望着天，双手轻松地插在脑后，那副淡然的表情，居然带着游戏人间的从容。

世人皆云“伤春悲秋”，可在刘禹锡的文字中却看不到类似的感伤，他的那首《秋词》，你以为是写在“永贞革新”意气激昂的时候，其实他是写在贬谪朗州，最落魄不堪的时候。

自古逢秋悲寂寥，我言秋日胜春朝。
晴空一鹤排云上，便引诗情到碧霄。

——刘禹锡《秋词二首·其一》

既然当不了翱翔苍穹的展翅雄鹰，大不了我就做排云直上的晴空一鹤。

眼前的萧瑟景象不但没有勾起他的悲伤，反而让他在逆境中依然豪情万丈。

而这朗州一贬，长达足足十年。元和十年（815），事情发生了转机，唐宪宗当时求贤若渴，决定对他和柳宗元网开一面，便下旨把他们召回京城听用。

次年，他们抵京，发现当时的执政宰相是武元衡。在“永贞革新”时，王叔文、刘禹锡曾经邀请过武元衡加入他们，但被武元衡拒绝，这激怒了王叔文，将武元衡降职处理，于是这个梁子算是结下了。

所以有武元衡在朝堂上顶着，刘禹锡、柳宗元到了京城三个月，都没有收到任何的任命，被朝廷晾在了一边。

三月桃花开时，刘禹锡去玄都观赏花。当年他与韩愈、柳宗元经常来这里游玩，他还在观内栽了不少桃树，可今日一看，发现自己当年栽下的桃树都没了，现在盛放的都是别人栽的。

他感慨万千、喟然长叹，居然直接题了一首桃花诗：

紫陌红尘拂面来，无人不道看花回。
玄都观里桃千树，尽是刘郎去后栽。

——刘禹锡《元和十年，自朗州承召至京，戏赠看花诸君子》

这诗乍看之下就是借桃花发了个感慨，好像没什么，可你把“玄都观”理解成“朝廷”，再把“桃花”理解成“官员”，立刻就明白刘禹锡到底想说什么了——以前官员的提拔都是我管的，我这次回来，发现朝廷上的官员都是些新面孔，你说当年要不是我走了，现在哪有你们露脸的份儿？

这首诗在朝野上下引起轩然大波，刘禹锡不只在官员间犯了众怒，连唐宪宗也被他气得不轻，他当即下旨，将刘禹锡贬到最穷最偏的播州去当刺史。

诗是上午写的，人是下午走的，最出乎刘禹锡意料的是，他这首诗牵连了柳宗元，毕竟在唐宪宗的脑海里，他与柳宗元是算在一起的，既然贬了刘禹锡，那么柳宗元也不放过，干脆给贬到柳州去任刺史算了。

刘禹锡才不会惧怕被贬官，但他不能接受自己连累了柳宗元，明明子厚什么也没有做，为什么也要被贬谪？

刘禹锡闯了祸，自责在他心中不断滋生，以为从此以后柳宗元会与他决裂，今后他们会形同陌路、老死不相往来，可等来的，却是有人说柳宗元给皇帝上了一封奏疏。

播州非人所居，而梦得亲在堂，吾不忍梦得之穷，无辞以白其大人，且万无母子俱往理。

——韩愈《柳子厚风范》

刘禹锡再也绷不住，眼泪如决堤一般往下流，子厚没有怪罪自己，还在为自己着想，甘愿为自己奔赴不毛之地，明明就是自己的轻狂害了他，眼前友谊的轮廓愈渐清晰，露出的脉络让人热泪盈眶。

忽然他又觉得自己真幸运，有这样真心为自己付出的朋友，就算曾经一起走过的路屈指可数又怎么样，那些温暖足以撑起余生的整片天空。

在裴度的求情下，唐宪宗更改了诏令，把刘禹锡改任为连州刺史，刘柳二人一路同行南下，到了衡阳这才不得不分手告别。

临别之时，柳宗元与他约定，说将来退休了，咱们就找个青山绿水的好地方盖两间茅屋，到时候就当个邻居吧，一起晒晒太阳、聊聊年轻时候的那些糗事，没准日子就那么过去了。

二十年来万事同，今朝岐路忽西东。
皇恩若许归田去，晚岁当为邻舍翁。

——柳宗元《重别梦得》

刘禹锡就笑，咱们少时也都胸怀大志，如今回想起来却一言难尽，如果咱俩将来真能一同耕作在田亩之上，能够白发相守，那也真是死而无憾。

弱冠同怀长者忧，临岐回想尽悠悠。
耦耕若便遗身老，黄发相看万事休。

——刘禹锡《重答柳柳州》

他们果然还是当初那两个天真的少年，以为拉住了就会是永远，真以为用约定就可以帮忙记住难以复刻的牵绊。

就在仅仅四年后，刘禹锡才后知后觉地意识到，原来在衡阳的那次分别，竟是二人之间的永别。

五

元和十四年（819），柳宗元病死于柳州任上，刘禹锡没能等到“晚岁当为邻舍翁”的那天，等来的只是柳宗元的遗书，那人将自己年仅四岁的幼子托付给了他。

这年年初，刘禹锡的母亲刚刚病逝，他还没出发送葬回老家，就收到了柳宗元的书信，信里安慰他节哀顺变，怕他忧伤过度而生病，还许诺说：“等你回乡送葬，到了衡阳的时候，我就会来和你说说心里话。”

那日，刘禹锡路过衡阳，忽见柳宗元派来的人，他满心欢喜地以为柳宗元来赴约了，可没想到接到的却是一纸讣告，以及使者身边那个懵懵懂懂的小孩。

这该是怎样的猝不及防，得知那人离世的消息，他如遭雷击，顿时惊号大哭，如得狂病，就好像含了一口腥热的血，不论咽下还是吐出，都是种无法言喻的痛。

旁边的人发现他的手抠进泥土里，没人知道究竟是怎样的一种感情，竟可以深重到这种地步。

从此柳宗元的笑容根深蒂固地埋在他的脑海里，颠覆了他的世界里的一切，却头也不回地把自己的一切交付给了他。

在此后的那些年里，他对柳宗元的孩子视如己出，不让小孩受一丁点儿的委屈，曾经的他以文才傲立世间，不屑和他人交流文学，可对这个孩子却悉心教导，手把手教他作文写诗。这孩子长大后，也是不负众望，考中了进士。

与此同时，他花费多年时间，将柳宗元的所有作品收集起来，编成了一本《柳河东集》，让它与它的作者一同流芳千古。有时候他都觉得，柳宗元有和他相似的命运，可以在他的身上看到自己生命的参照，今后何去何从，可以不再那么仓皇。

长庆二年（822），刘禹锡在夔州当刺史，偶然遇到一位僧人，曾与柳宗元有过交往，僧人谈及柳宗元在永州的往事，刘禹锡再也按捺不住，好似那最深爱的面孔在渲染了黑白色彩之后渐行渐远，他这次不吵也不闹，就只是安静地流泪。

柳门竹巷依依在，野草青苔日日多。
纵有邻人解吹笛，山阳旧侣更谁过。
——刘禹锡《伤愚溪三首·其三》（节选）

就好像是大雪阻断了来时的路，再没有那样的人，明明说好一起翻天覆地。

六

说起刘禹锡的诗，往往都会说什么丰富了唐诗的内涵，开阔了唐诗的境界，这些都是官方话，想看的话可以去瞧教科书，今天咱们只通俗易懂地谈谈他本人诗句的特色。

刘禹锡的诗句，一大特点是以民歌入诗，因为他被贬谪的地方多在南方，所以融合了当地的风土人情，创造出别具一格的民歌体裁，如在夔州三年创作的《竹枝词》。

杨柳青青江水平，闻郎江上唱歌声。
东边日出西边雨，道是无晴却有晴。

——刘禹锡《竹枝词》（节选）

诗的视角是个情窦初开的女子，写的是听到心上人歌声的她忽然心头如小鹿般乱撞，这里“道是无晴却有晴”的“晴”，明着写天气，其实暗地里是谐音指代“情”，可谓一语双关。

清人翁方纲在《石洲诗话》中形容刘禹锡是“以《竹枝》歌谣之调，而造老杜诗史之地位”。

但刘禹锡真正拿手的还是怀古诗，如后来刘禹锡途经西塞山，与元稹、白居易、韦楚客以“金陵怀古”为题，互相斗诗。

你不认识韦楚客，元白二人总该认识吧，都是中唐诗人中的圣手，按理来说，这三位碰到一起，必然是眼花缭乱、名作层出，然后谁输谁赢还抉择不下，让后世为他们的胜负争吵个一千年才对……

然而，正待元稹、白居易还在凝眉沉思的时候，刘禹锡已经以一首《西塞山怀古》直接控场。

王濬楼船下益州，金陵王气黯然收。
千寻铁锁沉江底，一片降幡出石头。
人世几回伤往事，山形依旧枕寒流。
今逢四海为家日，故垒萧萧芦荻秋。

白居易愕然良久，长叹一口气，说："我们四人一同寻龙，你已得龙珠，我们再得龙鳞龙爪又有何用？"

元白二人纷纷搁笔不作，韦楚客自然也甘拜下风。我们提及中唐诗句的时候，都会说这一时期分衍出两派，一个是以韩愈、孟郊为主的韩孟诗派，一个是以元稹、白居易为主的元白诗派，对刘禹锡倒是着墨不多，可事实上刘禹锡在应试上稳压屡次挂科的韩愈、孟郊，又在作诗上一口气把元白二人同时给挑了，白居易给他的名号叫"诗豪"，可谓是实至名归。

七

大和二年（828），刘禹锡调回长安，任主客郎中。

这一年，距上次因桃花诗被贬谪已过了整整十四年，他刚一回来，二话不说又去了一趟玄都观。

这里原本繁盛的桃花已然凋零，只剩下菜花零散其间，他又题了一首《再游玄都观》。

百亩庭中半是苔，桃花净尽菜花开。
种桃道士归何处？前度刘郎今又来。

好家伙，你有完没完，还来。

继续按照之前的理解，这首诗的意思大概是，你看吧，没有我朝廷都荒凉了吧？现在连桃花都没有，净是些菜花了，当年那个种桃的道士（唐宪宗）在哪儿呢？你看我刘某人现在又回来了，你有本事诈尸再贬我呀！

这首诗的前面，刘禹锡还写了个诗序，最后一段是这么说的：

重游玄都，荡然无复一树，唯兔葵、燕麦动摇于春风耳。因再题二十八字，以俟后游。时大和二年三月。

你看这句“以俟后游”，意思就是“我一定会回来的”，可见他已经做好了写完后被皇帝赶出京师的心理准备。

大和年间（827—835），裴度在中书省，本想让他掌管制诰之事，而宰相看到他的诗序后很不高兴，所以只让他先后任礼部郎中、集贤院学士等职。

这时候的刘禹锡本想大干一场，可牛李党争日趋严重，正经想办实事的官员根本无法在朝中立足，大和四年（830），牛党的李宗闵上台，刘禹锡的后台裴度被排挤出京，刘禹锡也就失去了东山再起的机会。

大和五年（831），刘禹锡离开了长安，担任苏州刺史。

某日，李绅请他宴饮，在宴席上专门叫了歌伎来给他陪酒，歌伎唱了一曲《杜韦娘》，赢得满堂喝彩。

刘禹锡这些年动辄贬谪蛮荒，都是些穷地方，如今却可以享用如此美食佳肴，更有美丽动人的姑娘作陪，他开怀大笑，作诗一首：

高髻云鬟宫样妆，春风一曲杜韦娘。
司空见惯浑闲事，断尽苏州刺史肠。

——刘禹锡《赠李司空妓》

说到前面李绅还笑眯眯的，可一听到最后一句“断尽苏州刺史肠”便笑不出了，只见刘禹锡原本还满意的脸色不知不觉地沉了下去，然后就是拱手告别。

他说：“今年苏州旱灾，多少百姓都吃不上这样的一顿饭，我作为他们的刺史，实在是吃不下去。”

涂抹大片失意的流年后，他可能都想不起那些色彩耀眼的年月，可他从没忘记那些年月自己发过的誓言，孑然一身为民请命的初衷，他从未背叛。

后来的他也短暂地回过长安，这里好人总是不幸，坏人却生生不息，就像李逢吉活了七十八岁，韩愈和柳宗元却早早离世，时过境迁，最炽烈的感情也会变淡，今时今日，也仅剩“曾经”二字。

他感到好似有什么在胸腔里归鞘淬火一般，时间忽然变缓，像是紧绷的弦被扩张到最大的弧度后，只留下短促的一声鸣响，平复了胸腔中的心跳。

就在那几年我忽然看懂了刘禹锡，以前我总觉得他的一切苦难虽无从把握却又有迹可循，可到了最后一刻，我望着他孤零零的模样，总觉得心里有什么东西在悉数坍塌，再也不能复原。

八

开成元年（836），刘禹锡分司东都，他在洛阳见到了养老赋闲的白居易。

他失去了晚岁作比邻的柳宗元，白居易也失去了互相寄来生的元稹，那些过往岁月像是扎在脚下的荆棘，好不容易找到突破口的血液放肆涌动，肌肤被冲击到麻木，终于失去了全部痛觉。

晚年他与白居易结伴在洛阳养老，还把他们彼此之间唱和的诗句集结成了《刘白唱和集》。白居易那时候很消极悲观，有一次和刘禹锡感慨，说："我们都老了，我这几天眼睛干涩，早晨起来头发稀疏，都懒得去梳头。"

与君俱老也，自问老何如。眼涩夜先卧，头慵朝未梳。
有时扶杖出，尽日闭门居。懒照新磨镜，休看小字书。
情于故人重，迹共少年疏。唯是闲谈兴，相逢尚有余。

——白居易《咏老赠梦得》

刘禹锡听到后，总会用自己的积极乐观去激励白居易，他说：

“太阳西斜的时候，不也正是晚霞满天吗？”

人谁不顾老，老去有谁怜。身瘦带频减，发稀冠自偏。
废书缘惜眼，多炙为随年。经事还谙事，阅人如阅川。
细思皆幸矣，下此便翛然。莫道桑榆晚，为霞尚满天。
——刘禹锡《酬乐天咏老见示》

谁说时间会不动声色地抚平一切，哪怕再回忆那些相遇的情节，都是一张张面无表情的面孔，可还是会在喝到醺醉的时候，一阵迷离，然后梦回多少年前的流金岁月。

记得当时有两个朋友，他们经常勾肩搭背，在玄都观栽种桃树、在曲江宴吟诗作赋，那时候，他们年轻的脸庞上充满笑容，神情明亮、眉目张扬，就好像永远也不会老去一样。

九

我有理由相信，刘某人的自恋是他与生俱来的病。

元和十二年（817），平淮西战争胜利，他在连州听闻后当即写下一首诗赞颂：

汝南晨鸡喔喔鸣，城头鼓角音和平。
路傍老人忆旧事，相与感激皆涕零。
老人收泣前致辞，官军入城人不知。

忽惊元和十二载，重见天宝承平时。

——刘禹锡《平蔡州三首·其二》

在写完以后，他听说韩愈写下《平淮西碑》，柳宗元也写有《平淮夷雅》，他哈哈大笑说：“韩碑、柳雅、刘诗可以并传不朽。”

能自吹自擂得如此自然而然，除了刘禹锡恐怕也没谁了。

所以我经常听到一个话题，那就是一谈及刘禹锡，就说他为什么总是能那么乐观。

其实，我觉得乐观是个挺残忍的词，尤其是“总是乐观”，这说明他总是处在人生的低谷中，毕竟，如果一个人只是在一帆风顺的人生中保持乐观，那就不是乐观，我们一般会将其称为“嘚瑟”。

我就从来不觉得刘禹锡是个乐观的人。每个表面上玩世不恭的人，内心都是另一个样子，只是总有太多顾虑、太多的羞于启齿，只好在多数时候用笑脸掩饰，假装若无其事地感同身受着别人的故事，自嘲着，调侃着，又悄然伤感着。

多年以前，绿叶飞舞，他的故事从风中迎面而来。

多年以后，黄昏漫彻，他的背影在笑与泪中远去。

人们只记得他的乐观，可又有谁能明白，他除了乐观，还能怎样呢？

正如我喜欢的一个主持人，她性格开朗，经常逗得观众们哈哈大笑，于是有人问她：“你为什么总是可以这么开心呀？”

她愣了愣，思索片刻，突然大声回答：“我装的——”

第四章

柳宗元历险记

他孤寂地坐在江雪之下，默默垂钓。永州偏僻，当地人说话他听不太懂，而今亲朋尽丧、知交零落，他连个说话的人都没有。这个世界冷清得让人有些绝望，他无力改变，所以只能接受命运。

一

柳宗元回想起从前，或许仇恨与苦恼都无法影响自己。

无论如何，都不再为过去的经历愤愤不平，否则他只能一直是过去的自己。

他父亲叫柳镇，出身河东柳氏，是当时的豪门巨族；母亲出身范阳卢氏，是威名赫赫的五姓七宗之一。夫妇二人有二女一子，儿子取名柳宗元，字子厚。

柳宗元自幼勤学苦读，又有家学渊源支撑，父亲经常带他出去交游，在当时大人物的圈子里，早熟的柳宗元十分受青睐，被称为“奇童”，名士杨凭还当场和柳镇定了娃娃亲，把自己九岁的女儿许给了小小的柳宗元。

你看，人家这么小，就凭本事给自己讨了个老婆。

在柳宗元少年时期正逢“建中之乱”，父亲长年在外，他的课业都是由出身贵族的母亲教授的。卢氏也不愧是“五姓女”，她用寓言的方式将文章给儿子娓娓道来，柳镇就曾对儿子说：“你所读的历史以及诸子百家，你母亲可全部都读过呢。”

可以说，柳宗元少时生活在一个幸福美满、家境优渥的大家庭里，这让他度过了无忧无虑的童年。但这样累世公卿的家族也带给了他别人没有的压力，年纪小小的他就曾被赋予重担——“始仆之志学也，甚自尊大，颇慕古之大有为者”。

其实看着本就成熟的人变得更加成熟，我并不觉得开心：他只是十几岁的少年，为何不能像别人一样高兴就大笑，难过就痛快地哭出来？

贞元九年（793），柳宗元不负众望地进士及第，那届“龙虎榜”中他最为年少，连同为天纵之才的刘禹锡都对他倾慕不已。

在当时，科举考试往往有干谒之风，达官贵人的孩子总会走后门，即便如王维那样绝代风华的人物，也走过玉真公主的路子。

可柳宗元不同，在他高中进士后，唐德宗得知他是柳镇的儿子，感慨道：“柳镇我是知道的，他这人正直，不会给儿子求举的。”

可见柳宗元及第，靠的是真才实学。

但就在柳宗元考中进士后不久，柳镇病死在长安，柳宗元需要在家守制。不过他没有闲着，利用这三年的时间跑去了邠州，找到了在那里做官的叔父。

自安史之乱后，吐蕃东进，广大的西北地区沦为其地，邠州正处前线要冲。柳宗元这次远游边疆实地考察，正是要了解边疆的实况，为他日从政储备经验。为此他还徒步勘察地理，询问过一些老兵、边民对边务的看法，对当时唐朝与吐蕃在边境的对峙有了深刻的了解。

贞元十二年（796），柳宗元服丧完毕，和少年时订婚的杨凭之女完婚。两年后又考过“博学宏词”科，授集贤殿书院正字，正式踏入仕途。

他有时候仰望天空，看到这片云与那片云仿佛会重合似的，其实他知道它们在不同的高度，根本不会有相遇的那一天。

所以在柳宗元的世界里，一切都是平缓安静的，和刘禹锡交朋友于他来说只是邀请他一起看云，接下来发生的就显得顺理成章。

在刘禹锡的介绍下，柳宗元认识了东宫的王叔文，就此走上了那条不归路，当时韩愈曾劝他说“这样幸进，必然招祸，不如脚踏实地”。但柳宗元不这么认为，他觉得人生苦短，只争朝夕，既然能走捷径实现胸中韬略，为何不走？

贞元二十一年（805），随着唐德宗的驾崩，永贞革新轰轰烈烈地展开。柳宗元总算能够大展拳脚，在短短的百日间，他们连发多项利国利民的好政策。可见早在他们潜伏东宫的时候，就不知盘算推演了多少遍，只待如今一举扭转大唐乾坤。

自古改革者大多没好下场，熟读历史的柳宗元自然晓得。可他是个纯粹的人，只做最率真的自己，因为纯粹，即使面对挫折也不会消极地逃避，即使经历再多坎坷也不会懦弱地退缩。

当时反对革新的人不在少数，有个问题就在于，这些改革者资历尚浅，贸然借助天威登顶执政，势必让人不服。当时朝野里就有人放出言论，说大伙才不会屈从于他们这些新贵呢。

反对者里头，就包括柳宗元在御史台时就熟识的韩愈。而这时候的韩愈，已然因得罪京兆尹李实，被贬去了阳山县。

二

永贞二十一年（805），人在阳山的韩愈听说陷害他的李实被革新派贬黜，以为自己很快就能复出回到京城。可他得到的调令却是让他去江陵担任法曹参军，这让韩愈百思不得其解，在赴任江陵的

路上，他拧眉沉思为何没让自己回京城，难不成朝中有人给自己使绊子？

“二王刘柳”在中央的变法，他这些日子以来也略有耳闻，自然而然就想到了柳宗元与刘禹锡，便给中央的熟人写去一首长诗，询问具体情况。摘选其中三句如下。

同官尽才俊，偏善柳与刘。
或虑语言泄，传之落冤雠。
二子不宜尔，将疑断还不。
——韩愈《赴江陵途中寄三学士》(节选)

韩愈怀疑，当时在朝堂上他只和柳宗元、刘禹锡相熟，会不会是他们二人把自己妄议朝政的话泄露出去了？虽然到现在还只是怀疑，不敢确定，不过我还是愿意先把话给你撂这儿！

这里倒是能看出韩愈的心直口快，怀疑就怀疑，直接敢白纸黑字写上去，绝不口是心非。

其实倒也不是韩愈以小人之心度君子之腹，毕竟他还真算是猜对了一半。他没能调回长安确是柳宗元在背后捣鬼，只不过并非他们泄密，而是不想他回来与变法为敌，想着等到局势稳定、木已成舟后，再把他逐步调回京城也不迟。

关于韩愈和柳宗元的关系，历来备受争议，比较复杂，在这里简单谈谈。

韩愈与柳宗元的友谊，来自他们对彼此文学理念的认同。他们同是年纪轻轻就以文才名动天下的，都那么优秀，自会有种惺惺相惜之感。

他们不约而同地开了古文运动的先河，在唐宋八大家中，唐朝就他俩入选，历来也是以“韩柳”并称，被共尊为道学复兴的先驱。

但这种互相欣赏止步于文学，他们二人的本职还是从政，在国家大事上，他们早在御史台还算意气相投之时就出现了政见不合。不过这倒没能影响二人的友谊，毕竟就是因为不知道明天会怎么样，也许下一秒就是分道扬镳，可至少在上一秒，他们还是在一起的。

柳宗元接受了王叔文伸来的橄榄枝，成了东宫的核心成员，想凭借王叔文对太子的影响力，在将来太子登基后实现胸中抱负。

而韩愈对王叔文没好感，认为这是个结党营私的城狐社鼠之徒，不屑与之为伍。他在江陵时怀疑刘、柳“泄密”，其实就是因为当年他在二人面前没少喷过王叔文，他怀疑这俩人把这事跟王叔文说了。而韩愈在汴州担任推官的时候，曾和宦官俱文珍相交，从某种程度上算是站在了革新派的对立面。

“二王八司马”主导的永贞革新，在历史上向来毁誉参半。不过平心而论，他们执政的百日革新的确出台了不少大快人心的好政策，但太急、太快、没有章法，导致他们一下子得罪了太多人，宦官、藩镇包括文官都齐齐反对他们的改革，而他们的后台唐顺宗又中了风，不能正常视朝，这样的改革注定是难以长久的。

而改革失败的标志，就是以俱文珍为首的宦官集团联合了当时的太子李纯，也就是后来的唐宪宗，他们逼迫唐顺宗让出皇位，来了个釜底抽薪。没了皇权的支持，“二王八司马”只能成为俎上鱼肉，任人宰割。

在“二王八司马”或死或遭贬后，韩愈写了一首《永贞行》，开头就是一句“君不见太皇谅阴未出令，小人乘时偷国柄”。

在全诗中，韩愈把革新派大肆批判了一番，又说某些青年官员不知爱惜自身的羽毛，被高官厚禄蒙蔽了双眼，依附王叔文，以致耽误了自己的大好前程，真是令人不值。

这话没指名道姓，但谁都知道这是在说柳宗元他们几个，所以有人就觉得韩愈这是在幸灾乐祸。

不过我们应该理解的是，韩愈和柳宗元是政治家，他们都是站在风口浪尖上的英雄，虽然立场不同，但都在为各自的梦想而奋斗，梦想没有对错之分，只有值不值得。

为了朋友付出而不求回报当然是美德，但站在韩愈的视角来看，柳宗元是不听自己劝解而堕入“魔道”，是他不愿意回头，既然是成年人就应该为自己的选择承担后果，作为朋友也应该尊重对方的选择。

或许在韩愈看来，柳宗元是执着了不该执着的，但他们又惺惺相惜，毕竟那个人和他一样，也会为了一件没有结果的事情而孤注一掷。

在柳宗元被贬谪永州后，韩愈曾经写过书信给他，大抵是让他整理好心情，不要气馁，不过被别有用心的人结合起前面的《永贞行》，解读说韩愈这是落井下石、假仁假义。

但我知道不是这样的。

柳宗元死后，他的祭文自然由刘禹锡来写，但墓志铭是韩愈为他撰写的。韩愈在墓志铭中一再强调，柳子厚当年是被王叔文给骗了，这才误入歧途，白白耽误了一生。

可见，韩愈的行文意图是想把柳宗元从王叔文一党中摘出来，毕竟当时永贞革新失败后，王叔文、王伾的名声已经臭大街了，韩愈想保全柳宗元的名声，就故意说其实柳宗元也是受害者呀，他只不过是被王叔文他们忽悠了而已。

这个盖棺论定一直影响到了后世，苏轼、王安石在论朋党的时候也一再为柳宗元惋惜，说他是受了王叔文的引诱，要不然以他的才能，必然能有一番作为，可见韩愈的“洗白”是相当成功的。

韩愈只是怀疑柳宗元泄密就敢写出来，到最后又会为他写墓志铭辩白，可见他们之间没有假惺惺的交往，也没有钩心斗角的竞争，到了阴阳两隔后也不会分不清谁值得他去哭。

或许在韩愈撰写墓志铭的时候，曾仰望天空，充满歉意地笑笑。如果上苍让我们有来生的话，就让我们互换一下位置，你这辈子总是在维护我们的友谊，下辈子就换我来好好维护你吧。

三

刚刚来到永州的柳宗元，心中还存有一丝希望，想着在外地待上几年，也许还可以回到长安。

可日子一天天过去，原本怀抱的幻想也渐渐在残酷的现实中消磨殆尽，他感觉喉咙里涌上似要沸腾的苦涩，只能无奈地接受了现实，开始从事功逐步转向著作。也许，人只要内心平静，无论何种逆境都能坦然面对。

柳宗元一共才活了四十七岁，可在永州一待就是十年，占据了他一生五分之一的光阴，这里也是他一生中的创作高峰。

比如著名的《永州八记》中的《至小丘西小石潭记》就脍炙人

口。不过人们真正喜闻乐见的，倒不是他的文章，而是他写的那些个段子。

在永州地界产一种蛇，可以入药，当时就有不少职业的捕蛇人，因为朝廷规定抓两条这样的蛇可以抵税。

柳宗元认识了一个姓蒋的捕蛇人，得知他祖上三代都从事捕蛇，而他的爷爷与父亲都是被蛇咬死的，这让柳宗元大惑不解，就说“那你还不如别干这行了，直接交税不就行了”。

谁知那蒋姓捕蛇人立马急了，说捕蛇可能会死，交税一定会死。

以前学到中唐经济史，有个转折点是这一时期中国赋税从租庸调制改革为两税法，并且对这一变化极力称赞。可在当时，两税法虽然提升了政府的财政收入，却也变相地加重了人民的生活负担。

在柳宗元的笔下，写出了许多有讽喻意义的寓言故事，如《黔之驴》《蜀犬吠日》《粤犬吠雪》等，“黔驴技穷”，已成成语，几乎尽人皆知。

当然，我个人觉得最惊艳的一篇，还是《封建论》。

中唐藩镇割据，有人搬出商周封建，鼓吹分裂的合理性，认为分封才是正宗的先王之道，中央集权是秦制下的异端，所以周朝封建国祚近八百年，秦朝郡县才短短十五年就没了，这不就是明证吗？

因为有儒家经典背书，这种理论反驳起来自然困难，可这难不倒柳宗元，他写这篇文章本就是为了切中时弊，当即直接点明“封建，非圣人意也”，之后的大段都是在围绕这个中心论点进行论证，这也是其巧妙之处。你看后来的王安石变法，张口就是一句“祖宗不足法”，平白无故给自己拉了许多不必要的仇恨。

柳宗元的整体思路，是分析封建与郡县的优劣之处，指出秦的灭亡，在于秦政，而不在于秦制，同时针对当时的地方割据，也认为“失不在于州而在于兵，时则有叛将而无叛州”，一眼就瞅准了藩镇割据的核心不在节度使，而在于节度使旗下的那些骄兵悍将。

这篇文章一度让我感到无比震撼，柳宗元的行文思路以及论证方式都是逻辑严谨、层层递进，且会以发展的眼光看问题。

不过这也更是让我惋惜，这样一位不世出的治国大才，却造化弄人地遇到了永贞革新，一块上好的璞玉，还没来得及精心雕琢，便失去了他的用武之地。

四

元和十年（815），柳宗元与刘禹锡被召回京城，本以为时来运转，可在刘禹锡一首戏谑的桃花诗下，他们二人再度双双被贬谪。

一路上二人同行，柳宗元对他微笑的时候，他的表情有瞬间的惊愕与慌乱，然后便笑得筋疲力尽。

以前柳宗元总觉得他孤傲，后来才知道那是他掩盖孤单的面具，到底真相如何，唯有冷暖自知。他也明白，这个心结若不帮刘禹锡解开，他的那些自责与不安将会日日夜夜地折磨他。

柳宗元说：“不必感到自责，桃花诗只不过是个借口，就算没有你的诗句，他们也会找个别的理由来贬我们的。”

不得不说，在这点上柳宗元看得比刘禹锡透彻。他们还约定，

到了晚年要当个邻居，或许在这个充斥着放弃与妥协的结局里，他们都蹚过了时间的河流，向彼岸走去。

有时候很羡慕这两个人的友谊，他们有欢笑有泪水，可其实他们也都脆弱，因为对理想的不断追寻，所以才会在黑暗中奋力跃向光明。

只是苦难的岁月中收藏的简单想念，谁又敢保证，可以在未来的时光里不离不弃？

五

六月，柳宗元到达柳州。

他唇角轻抿，目光一如从前那样安静地看着长安的丰茂大地与苍茫林海，可能有那么一刻，他忽然就觉得没有什么是过不去的，只有自己跟自己过不去，抬头看一看天空，其实真的没什么大不了。

柳州比永州还落后，山林瘴气弥漫，天空乌云密布，尤其种种风俗更是野蛮。当时穷人被迫卖出的儿女，会永远沦为奴婢，有钱也不能赎回。他到了以后，革除旧法，规定沦为奴婢的人，就算在服役期间，债主也要按时日折算工钱，等抵完债后就可恢复自由身，回家与亲人团聚。

他还亲自下地，组织乡民开垦荒地、种植蔬菜，教他们养鸡喂鱼，更是号召大家一起植树造林。柳宗元到任后，自嘲地说：“一位姓柳的人到柳州当刺史，那不得种点柳树？”

柳州柳刺史，种柳柳江边。
谈笑为故事，推移成昔年。
垂阴当覆地，耸干会参天。
好作思人树，惭无惠化传。

——柳宗元《种柳戏题》

柳宗元的人生依旧不疾不徐，一日日更替。自从母亲死后，他不再逼自己什么事情都要做对，因为有时候犯错可以让自己变得更好。

不知不问，才会不疼不痒。他常常想，母亲应该不希望自己成为这样的人，可是真抱歉，眼泪都在当年那事发生的那天流尽了。

他在柳州开设学堂，鼓励当地的小孩读书识字。就算世界已经漆黑一片，他还是坚持做一颗星星，就算星光微弱也不会放弃，纵使没有人留意，他依然骄傲。

他认真地对待每一分钟，安安稳稳地直至在时间长河里筋疲力尽。只是偶尔在黑暗中剩下他孤独一人，冷得清晨失眠，那种无形的空虚还是若隐若现。

宦情羁思共凄凄，春半如秋意转迷。
山城过雨百花尽，榕叶满庭莺乱啼。

——柳宗元《柳州二月榕叶落尽偶题》

他偶尔也会著书立说，只是那几年身体越发不好，有时候写到一半就莫名暴躁，拖着快残废的颈椎日夜不停地写。

慢慢滑落的身体终于支撑不住，疲倦席卷而来包围了他，浓烈的夜色给四周镀上一层不真实的颜色，他的身体缓缓沉入无尽的深渊，可嘴角还是费力地勾勒出一个弧度。

他轻轻抚摸着怀里安眠的孩子，铺天盖地的绝望仿佛要流进眼睛里，填满心中那一块块空白的部分。

他意识到这是一个不能停留太久的世界，于是用尽最后的力气，给刘禹锡写了一封书信，将自己的一切都交付给他。他们曾经并肩走上了同一条道路，只是再也无法重逢。他想，如果让梦得看到自己死前的样子，一定会笑他的吧。

月色泛起朦胧的光晕，一颗流星悄然划过夜空，自此他带着信念安息在天堂，整个世界都与他一同陷入长眠。

元和十四年（819），唐宪宗在裴度的劝说下，敕召柳宗元回京。十一月初八，柳宗元病逝于柳州，享年四十七岁。

这三千世界好像从来都容不下他，好像从来他都是要背负一切的那一个，他注定是最苦的那一个。人们总说要让一个人成长就要让他承受很多痛苦，可我希望他不要吃那么多的苦，只要他能快乐就好。

或许在柳宗元眼中，来到柳州对他而言是惩罚，但他却得到了柳州百姓的爱戴，《唐才子传》记载：“宗元在柳多惠政，及卒，百姓追慕，立祠享祀，血食至今。”

我听柳州当地人说，柳州人为了给柳宗元建造雕像，移了整整一座山，为的就是把雕像建得高高的，好让柳公可以看见他在远方的家乡。

六

柳宗元这一生，如流星一般短暂、夏花一样绚烂，而大多数人对他的记忆，则是停留在那首《江雪》上。

千山鸟飞绝，万径人踪灭。
孤舟蓑笠翁，独钓寒江雪。

——柳宗元《江雪》

不知是有意还是无意，这是一首藏头诗，写进了千万孤独，但是很少有人了解柳宗元这首诗到底因何而写。

在柳宗元步入仕途后不久，与他门当户对的发妻杨氏病逝。他被贬永州司马，母亲随行，没有埋怨他，只是鼓励儿子不要气馁，可这位伟大的女性却在来到永州后不久便因水土不服而去世。

绝望扩散得汹涌，淹没所有思绪，他觉得这不过是走向成熟必然会有的混乱。那个晚上，他独自披上蓑笠出门，一路春光啊，一路荆棘呀，都化作了眼前的寒江孤影。

命运不会放过任何一个人，人人皆如那双巨手下朝生暮死的蜉蝣一般，在滔滔岁月里身不由己地随波逐流。所以到底是谁浅皱了眉头，淡漠了世事变迁，仍旧无言地走下去？

他孤寂地坐在江雪之下，默默垂钓。永州偏僻，当地人说话他听不太懂；而今亲朋尽丧、知交零落，他连个说话的人都没有。这

个世界冷清得让人有些绝望，他无力改变，所以只能接受命运。

留有这样的注解在最后就够了：最后的底线不要去追问，孤独是他最后的体面，击溃底线只会让他狼狈不堪。

过去的十几年里柳宗元的人生波澜不惊，平静得如同万年不变的云一般，如果没有发生那件事，也许真会如他所说，他一定会度过不平凡的一生。

或许在这漫漫人生路上，他只是来历了一次险，以至于聪明的他一度糊涂到忘了该怎么走，消沉与颓废都成了冠冕堂皇的借口。

想起这些事，他好像笑了，笑得那么恬静，这份恬静在时间的旋涡中萦绕了那么久，终于再次渲染了整片天空。

第五章

他抛弃了世界

见韩先生夸赞，大男孩不好意思地挠着头，可我却见他雀斑点缀的脸上漾起了得意的笑容，倒是生出几分俏皮的孩子气。

一

忘了是哪年的事情。我认识了个少年，他长得很奇怪，细瘦、通眉、长指甲，一点儿也不讨喜，唯独他那双墨黑色的眼睛吸引了我。

那双眼睛，好像悠悠沧海一般深邃无比，又犹如万里晴空一般清澈、无垠，在此后的余生里，我再没见过第二个人拥有那样的眼睛。

起初是韩先生告诉我，他发现了一个宝藏少年，还给我看了那人干谒上来的诗文。

黑云压城城欲摧，甲光向日金鳞开。
角声满天秋色里，塞上燕脂凝夜紫。
半卷红旗临易水，霜重鼓寒声不起。
报君黄金台上意，提携玉龙为君死。

——李贺《雁门太守行》

韩先生手舞足蹈地比画着，说昨天晚上他送完客人，回到家中本已困意上头，这时候门人呈上卷文，他犹豫再三，还是选择把文章收了上来。

其实他本不抱什么希望，只是想起自己当年四处干谒求仕的

辛酸过往，出于同理心，这才翻开看了看，却不想一眼就被这句“黑云压城城欲摧”震撼得睡意全无，满脑子都是这首《雁门太守行》。

他还补充了句：“此人七岁时就在京洛小有名气。”

我说：“若是古人，吾不知就罢了；若是今人，岂有不知之理？”

韩先生开心得双眼冒光，一把拍到我肩膀上，激动道：“你也这么觉得对吧？我打听过了，此人现在就寄住在仁和里，择日不如撞日，咱们一块去拜访他吧。”

我嘟囔了一句：“你今天一大早就打了这个主意吧。”不过韩先生他如今已身居国子博士，怎么也算文坛巨匠，能如此折节下士，还是头一回。

我们二人乘车刚到仁和里，潮湿中混合着淡淡霉味的空气便充满了胸腔，随着血液扩散开来。我皱了皱眉，这位宝藏作者似乎有些拮据，租住的地方偏僻不说，怎么连卫生也不见有人打扫。

我们送上名帖，不多时，一个少年总角荷衣而出。没有我想象中的衣袂飘飘、绝代风华，就是个身形纤瘦的大男孩，刚一出场，脸上就扯起不好看的笑，看得出来，笑容很勉强。

我与韩先生对视一眼，真有点怀疑那首《雁门太守行》究竟是不是眼前这人的作品，于是便不动声色地同他寒暄起来。他好像很腼腆，不擅长说话，询问他就回答，不询问他就木讷地笑着。

终于我没忍住，干脆开门见山道：“你当面给我们写一篇诗文吧。”

韩先生悄悄踩了我一脚，示意我太过无礼，我却想这人要是假的，也省得继续和他浪费时间。

大男孩很有修养，见我讨要诗文，就真的思索起来。半炷香后，他开始一边下笔一边慢条斯理地吟诵：

华裾织翠青如葱，金环压辔摇玲珑。
马蹄隐耳声隆隆，入门下马气如虹。
云是东京才子，文章巨公。
二十八宿罗心胸，九精照耀贯当中。
殿前作赋声摩空，笔补造化天无功。
庞眉书客感秋蓬，谁知死草生华风。
我今垂翅附冥鸿，他日不羞蛇作龙。

——李贺《高轩过》

我打眼一看，题目为《高轩过》，内容写的就是我与老韩的此次造访，盛赞我是东京才子，韩先生是文章巨公，不可能是事先腹稿，而且这风格怎么这么熟悉……呀，这不就是在模仿韩先生的诗风吗？

待我再转头看韩先生，只见他已深深拜服道："'笔补造化天无功'这句果然绝妙，换作我，也未必能想到这么好的句子。"

见韩先生夸赞，大男孩不好意思地挠着头，可我却见他雀斑点缀的脸上漾起了得意的笑容，倒是生出几分俏皮的孩子气。

二

当盛夏的阳光透过疏离的绿叶，斑驳地落在他的侧脸上。我终于见到了小时候的少年。

李贺，字长吉，福昌（今河南宜阳）昌谷人。

李贺自幼体弱多病、营养不良，父母为他取此名，是希望他长命百岁、吉祥平安。

他的父亲名叫李晋肃，是杜甫的表亲，担任过一些小官，长年累月忙于公务不着家，导致李贺从小父爱欠缺，对母亲依赖严重。

那几年藩镇悖逆、战火连绵，在朝廷当官是个高危职业，一不小心就会被节度使的叛军杀掉。年少的李贺每天都在胆战心惊中度过，生怕一不小心就收到父亲遇难的噩耗。

伤痕在他的心里砌了一堵墙，让他整个年少时期都过得不快乐。

后来父亲还是病死了，在外漫游的李贺匆匆回家守孝，他愕然地看着生命的陨落，颤抖淹没了他肌肤的温度。原来离别不是联想过就能承受，他只能屏住呼吸鼓足勇气继续走。

死亡两个字的笔法都是带着凌厉的拐角，一撇一捺，分道扬镳，生死相隔。

或许就是从这时候起，他发现这个世界充满了矫情，生活的桢干架构了一整座迷蒙的幻城，现实就在头顶，虚幻之境终将破灭。在此后的多少年，他的笔下始终描摹着眼前这片虚幻景象，令人不解。

他作诗刻苦，他骑驴外出时，必备一书袋，一旦灵光乍现思索到好句子，就立刻掏出小纸片记下来，投入跟随他的书童的书袋中，晚上到家便是满满一口袋的诗句。

母亲见他饭也不吃，专心整理这些断章零句，便心疼地说："是儿要当呕出心乃已耳！"

年少的李贺企图只活在自己的幻城里，他呕心沥血，砌了一面很厚的心墙，将自己幽闭其中。

其实，他只是不想让自己再度受伤。

三

十八岁的李贺往返于两京之间，在老韩等人的揄扬下，得以声名鹊起。

大伙都知道，大唐又出了位天才，继王勃、李白之后，又有一位少年人凭借他的诗句，令长安的诗坛圣手、文章巨公退避三舍、自愧不如。

可英才往往遭天妒，又或者，天妒的背后其实是人妒。

元和五年（810），李贺守制完毕，在老韩的推荐下参加了河南府试，他天纵英才，自然一举通过。就在他蓄势待发，准备进长安应进士举的时候，不知从哪里传出谣言，甚嚣尘上。

有人说，李贺的父亲名叫李晋肃，这个"晋"与"进"同音，且"晋肃"的读音颇似"进士"，这犯了父讳，大唐以孝治天下，李贺要避讳，所以不可参加进士考试。

这理由很荒唐，就算要整人能不能选个靠谱点的说法？这借口明眼人一看就知道是故意玩人的。

为此，韩愈声援李贺，写了一篇《讳辩》，质问道：“父名晋肃，子不得举进士，若父名仁，子不得为人乎？”

当年的考官奉行多一事不如少一事的官僚主义原则，居然大笔一挥，黜掉了李贺的考试资格。

消息传来，李贺如晴空般清澈的眼神转而黯淡，那双眼睛似乎在说什么，他张张嘴，有什么仿佛从胸腔内破空而来，可他竟然开不了口，说不出一句话，只有干涸的泪腺慢慢破开了坚固的土层。

他只听见自己失态的声音：“为什么，这是为什么？”

不为什么，也不是天妒英才，就是人的嫉妒而已。

这次考试成了李贺此生无法跨越的横沟，无法填补的缝隙。

本该是如同王勃、李白一样精彩绝伦的人生，却生生毁在了别人手中，生命如此，生活如此，不能避免的压力成为肩上的超重负荷。

他说：“长安有男儿，二十心已朽。”

真不知道为什么最温柔的阳光怎么就与最悲凉的雪花反复交缠，直至天荒，让所有曾经的刻苦努力都渐渐溃烂。

我穿行过他单薄无力的二十年，终于从他清澈又深邃的眼眸中看到了眼泪，生命无止境地往未来延伸，始终看不到有终点，他抱着飞蛾扑火般炽热的情感，也不知何时才能等到尘埃落定。

四

李贺是个坦荡的人，他就是那样喜欢自由，像风一样的他最终是不属于这个黑暗的世界的。

一如他的诗句，早已挣扎着突破了现实世界，在他构造的幻城中肆意飞翔。

吴丝蜀桐张高秋，空山凝云颓不流。
湘娥啼竹素女愁，李凭中国弹箜篌。
昆山玉碎凤凰叫，芙蓉泣露香兰笑。
十二门前融冷光，二十三弦动紫皇。
女娲炼石补天处，石破天惊逗秋雨。
梦入神山教神妪，老鱼跳波瘦蛟舞。
吴质不眠倚桂树，露脚斜飞湿寒兔。

——李贺《李凭箜篌引》

这首《李凭箜篌引》将他独特的长吉体风格发挥得淋漓尽致，那种对死亡的焦虑以及不合常理的审美，建立起一大片令人意想不到的意象群。

正如这首诗，写的是关于李凭这位乐师弹奏的箜篌之音，可全篇你怎么也看不懂，就算把白话翻译给你，你也照样一头雾水。什么“昆山玉碎凤凰叫，芙蓉泣露香兰笑”，这不是写音乐吗，关昆仑山什么事？又关凤凰什么事？怎么还来了个芙蓉，这是郭芙蓉吗……

这就是李贺独特的写作手法，他一生凄苦自闭，活在自己的世界里，于是他一手构建起了属于自己的意象群，勾勒出一个别样的奇诡世界，再通过这样幽邃瑰怪的描述，来表达出自己内心的所思所想。

譬如这句“昆山玉碎凤凰叫，芙蓉泣露香兰笑”。

昆仑山是古人心目中的圣山，凤凰是古人心目中的神鸟，可在李贺的笔下，昆仑山崩坏了，原本高贵的凤凰竟不知为何凄声尖叫，芙蓉花在诡异地哭泣，香兰的花瓣却挤压出笑容。幻想一下，现实中神圣光洁的东西在李贺的世界中全都变得诡异妖冶，四周的花花草草又哭又笑，悚然诡异的箜篌声音依次响起，完全就是一种香港鬼片的恐怖前奏，令人仔细想来，觉得恐怖至极、不寒而栗。

也正是如此，人们将他与同为浪漫主义的诗人李白做对比：太白仙才，长吉鬼才。

他笔下的常用词永远都是“死”“哭”“血”等，字里行间都透着厌世。这种奇诡幻诞的风格，莫说在中唐，即使在整个唐宋时代也是独一份，后来人再怎么模仿李贺的诗句，也不得其要旨之万一。

因为他们永远无法领悟，李贺在接触死亡的瞬间，那仿佛心跳停止般静寂的感受，诗坛给他的称号叫“诗鬼”，不是因为他长得像个鬼，而是再也没有其他人的诗句，能写得如同他那般鬼气森森。

这个世界曾经抛弃了他，现在，他要抛弃这个世界。

他躲到了自己创造的一方天地间，那个世界是没有战争般的平和，是地球绕太阳公转般的默契，他就那样睡着，犹如做了一个梦，怎么也不想醒来。

梦里的一切都是奇诡的，时间、空间、剧情，都是荒诞、诡谲的。

那是最灿烂的美，凋零前盛开到极致。或许对于他来说，花朵凋零的瞬间最是颓败，也最是腐朽，却也仿佛这一生都为这一刻而生。

五

元和六年（811），李贺回到昌谷暂住一段时间后，在老韩的推荐下，又一次返回长安，担任奉礼郎。

这一当，就是三年。

可这官职一听名就知道，不是什么有升迁可能的职事官，每天只是从事一些无关紧要的闲散事情，就犹如找了个借口在浪费生命一样。

正如他说："我当二十不得意，一心愁谢如枯兰。"

元和九年（814），李贺辞了官，离开长安以后的他犹如断了线的风筝一般，再也没有停泊。

那一年，他决定学习高适、岑参等前辈北上潞州，在昭义军节度使郗士美帐下做幕僚。

男儿何不带吴钩，收取关山五十州。
请君暂上凌烟阁，若个书生万户侯。

——李贺《南园十三首·其五》

以前我总觉得李贺一生都太凄苦，然而如今觉得大概所有的人都一样苦，只是李贺太过于纯粹，不肯妥协，所以越发苦。

可是不管沉入多少次深渊，背后留下了多少疤痕，他最终都会为了心中的那片海振作起来，然后坚持走下去。

零落栖迟一杯酒，主人奉觞客长寿。
主父西游困不归，家人折断门前柳。
吾闻马周昔作新丰客，天荒地老无人识。
空将笺上两行书，直犯龙颜请恩泽。
我有迷魂招不得，雄鸡一声天下白。
少年心事当拿云，谁念幽寒坐呜呃。

——李贺《致酒行》

没人知道前路如何，雄鸡又何时会报晓，但他还是会感谢生命这场疗伤的过程。毕竟，它让你受伤的同时，也让你学会长大，再经历与之类似的伤害时，可以淡然地含笑接受。

这就是李贺，正如他自己写的那句“天若有情天亦老”。

这个世界对他太过吝啬，丝毫不愿意给予他半分的温暖。

他就像是上帝遗忘在人间的孩子，希望总是与他擦肩而过，所以他从不希冀时光有情、苍天垂青，只盼在走遍这天地间一遭之后，还能留下一串足迹，哪怕空空荡荡，至少也能让人感到无憾。

六

元和十一年（816），藩镇猖獗，郗士美劳师无功，他的军队被朝廷解散，李贺也失了业。

他无可奈何，此时的他已然是百病缠身，只好拖着病躯回到了昌谷的故居。

有一日，大白天的，李贺忽然看到一绯衣仙人下凡，他驾着赤虬，手持一板，上面写着太古时代的篆文，好像还是雷击之后留下的纹痕，说是奉天帝之命要召唤李贺。

李贺拿起那古板，上面的字一个也不认识，他连忙下榻磕头：“我的母亲年老且病，贺不愿去。”

绯衣人笑说：“天帝刚刚建成一座白玉楼，召你为楼写一篇题记，天上的差事可比人间快乐，不苦的。”

李贺再也无法强忍镇定，终于毫无征兆地放声大哭，眼泪在所有人都没注意到的瞬间到临，宛若癫狂一般，毫无压力地释放。

旁边的人只能看到李贺在哭泣，却看不到绯衣人的存在，个个面面相觑、不明所以。不一会儿，李贺的脸覆上一层阴郁的暗影，那被惊为天人的脸上已看不出生命的迹象。

当被敲醒，梦崩塌后，诗鬼永远不在，享年仅二十七岁。

他没有下地狱，而是去了他的三寸天堂。

七

一直不知道该如何给这个少年落笔结尾。

这是个如昙花般转瞬即逝的少年，虽然他驻足的时间短暂到令人惋惜，却能在夏花绽放的时间内点燃自己的每一寸生命。

他的生命定格在了元和十一年（816），在绯衣仙人下凡的瞬间，他骄傲却徘徊在自卑中的灵魂，终于流露出了那一直深藏的软弱与茫然。

我想就是这样的眼神，只有你才能拥有的眼神，我该怎么去描述呢？

我该怎么去描摹那样一个真实的你，在低沉宁静且平缓的时光里，记得你笑的样子和不绝如缕的声音。

色调要怎么调才能完美地勾画你的笑容，光线要怎么描绘才能看清你温柔的言语。

直到我看到了你早年的那首诗。

生来不读半行书，只把黄金买身贵。
少年安得长少年，海波尚变为桑田。
荣枯递传急如箭，天公不肯于公偏。
莫道韶华镇长在，发白面皱专相待。

——李贺《嘲少年》（节选）

人之所以不想长大，可能是因为只有少年时才可以飞扬跋扈、肆无忌惮吧。

可没有什么是一成不变的，这么多年来，每个人都在以无法察觉的速度蜕变着，最后变成大人，不得不面对这残酷的命运。

在那久远的年代里，有个少年通过自己的文字，轻而易举地走入我的视线——以那样空前绝后的姿态。于是我将有关他的一切都暗自铭刻心底，与他结下羁绊，就这样，我在一千两百年前有了独一无二的牵挂。

千年的距离到底能有多远，当海波变成桑田，人世间也早已时移势迁，不知天上白玉楼的今夕，又是何年？

纵使他离我如此遥远，我在提及他时，心底也总是很温暖。

第六章

大白的故事

他的手几乎是哆嗦着揭开了那面盖头，那个陌生又熟悉，这些年无数次出现在梦中的面庞，就在他的眼前。

那一刻，他潸然泪下……

梦中的画面就此定格，而梦境之外的他，眸子已然涣散，勾起的笑容也慢慢凝固。

一

顾况第一次见白居易，就想笑。

故事发生在长安，文坛领袖顾况的家门前，文人士子排起了长龙。顾况是宰相李泌的亲信，身居著作郎，官位不高，可因写得一手好诗，名气大到吓人，若谁要能得他一句赞誉，岂不是可以一朝成名？

天一大早，晨光熹微，寒气还未退去，一些个文人怀揣着自己的诗文，依次递交上去，毕恭毕敬地等着顾老先生召见。

在诸多文人中，有个十六岁的少年，病恹恹的，好似风一吹就倒，他低着头混在人群中，一点儿也不起眼。

顾家的家仆出了门，问："谁是白居易？"

所有文人雅士面面相觑，只见那个面色苍白、一言不发的少年走了出来，在众人不可思议或嫉妒的眼神中，跟随家仆入了顾家的门。

顾老先生第一次见白居易，扑哧就笑出了声，他扬了扬手中的诗文，指了指名字，说："长安百物贵，居大不易！"

少年一怔，有些尴尬地低下了头。

顾老先生上下打量面前的少年，虽年纪轻轻，头上却已生了白发，看起来文质彬彬，与长安城内鲜衣怒马的少年郎截然不同，身上少了点傲骨凌霜的朝气，却多了份明月清风的温柔。

他翻开少年的文卷，不禁吟诵出声：

离离原上草，一岁一枯荣。野火烧不尽，春风吹又生。
远芳侵古道，晴翠接荒城。又送王孙去，萋萋满别情。

——白居易《赋得古原草送别》

顾老先生合上纸卷，拊掌大笑，说："有句如此，居天下亦不难，老夫前言戏之尔。"

少年霍然抬头，只见顾老先生上前拉住他的手，熟视良久，说："吾谓斯文遂绝，今复得子矣。"

那一年，贞元三年（787）。在顾老先生的竭力推荐下，整个长安城都开始注意这个叫白居易的少年，男女老少都传诵那首《赋得古原草送别》。

即便是顾老先生都没有预料到，这个此时只有十六岁的少年，将来会在文学史上留下一番何等的伟业。

二

白居易，字乐天，下邽（今陕西渭南）人，生于大历七年（772）。

少年是家里第二个孩子，祖父引经据典，给他取了个有趣的名字：居易。

这俩字出自《中庸》：故君子居易以俟命。

可问题是他们家姓白。白居易？白住人家房子很容易？由此可见，彼时大唐王朝房价颇高，以至于白家人从小便为孩子的住房问题忧愁不已。

而比起房价，更令人忧虑的是动荡不安的时局。当时的大唐江山，名为统一，实同分裂，那些割据的藩镇势力蠢蠢欲动，战火随时会威胁到新郑一带。

少年懵懂的记忆里，父亲总是外出奔波，和家人聚少离多，白居易没太多关于他的印象。他与哥哥弟弟的生活都是由母亲来打理，虽说世道艰辛，但母亲对他们功课的指导从未落下。

在白居易才几个月大的时候，乳母随手指向屏风上的“之”“无”二字读给他听，谁知从此以后，无论谁说这两个字，白居易都会咿咿呀呀地朝屏风指去。

有人说，可能这孩子天生和文字有缘。

母亲又惊又喜，请了最好的先生为白居易开蒙授学。这才五六岁的小孩，便已开始学习如何作诗；长到九岁，更是对声韵了如指掌。

建中二年（781），父亲赶赴徐州担任彭城县令，恰逢藩镇造反，叛军围城，父亲临危不惧，坚守彭城，总算等来了援军，给朝廷立了大功。

父亲官运日隆，可职位越大，责任越大，就越发脱不开身。随着藩镇势力的日益猖獗，军阀混战、兵祸连年，硝烟逐渐弥漫到新郑附近，母亲当机立断，带上几个孩子举家搬迁避难。

短暂的童年里，白居易总是漂泊不定、颠沛流离，到处都是兵荒马乱，他们兄弟几人常被打散，其他兄弟或在徐州，或在符离，而他则被母亲送去越中，寄养在一位族叔家里。

未谙世事的他还不明白发生了什么，只知道母亲送他离开的时候愁上眉头，久久不散，而他在这里孤身一人，既见不到大哥，也见不到三弟、四弟和妹妹们。

独在他乡为异客，白天看到别的小孩都有父母陪伴，而小小的白居易却只能沉默地坐在秋千上疑惑——为什么就没有人在我背后，为我推出温暖的弧线？

太阳落山，夜幕降临，他低着头回到住处，沿途是万家灯火，却没有一个是属于他的归宿。

长夜漫漫，无穷无尽的委屈开始涌上他的心头，这些都让白居易备感孤独，他每个夜晚都会在床上蜷缩成一团，在不知不觉中睡去。

有一天，叔父有位朋友要前往徐州，白居易跑去拽了拽那位大人的袖子，说："可以帮我寄一份家书吗？"

那位大人看着面前的少年，笑问："你想寄什么家书？"

白居易想了想，铺开纸张，一副大人作诗的样子。仓促之际，一首略带青涩的七绝，须臾而成：

故园望断欲何如，楚水吴山万里余。
今日因君访兄弟，数行乡泪一封书。

——白居易《江南送北客，因凭寄徐州兄弟书》

那人捧住这封家书，越看越惊愕，再看看面前年纪轻轻的少年，不由得感慨，这样的年纪能写出这等水准的诗句，这孩子来日的前途，怕是不可限量。

叔父讶异地接过信看了看，觉着这诗写得了不得，虽字字质朴，却胜在情感动人。他早知自己这个侄儿有才气，却不想还是看轻了他。

他问白居易："你长大以后，想成为什么样的人？"

白居易愣了一下，有些茫然地摇了摇头，他从来都没有想过这些。

叔父沉默一瞬，说："明天，带你去个地方。"

三

叔父带白居易去了苏杭。

彼时名士韦应物、房孺复分别担任苏、杭二州的刺史，两个人一个嗜诗、一个嗜酒，每与宾客欢宴，一咏一醉，风流雅韵，是当时江南地界的一段佳话。

叔父与白居易身份卑微，无法与韦应物、房孺复一同游宴，只能一大一小两个人，远远观看那些大人物的俊雅风姿。

白居易发出一声赞叹："这都是些什么神仙啊。"

叔父说："你想要成为韦应物、房孺复那样的人物吗？"

白居易说："当然想，我将来如果能像他们一样，在苏、杭二郡当个刺史就好了。"

叔父告诉他，如果想，那就要去读书，去考科举，只有考中了科举，才可以当官，只要当上了官，就可以实现自己的梦想！

他抬起胳膊，指向远方，豪气干云地说："只有知识，才可以改变你的命运。"

白居易说："道理我懂，可叔父你为何要指着远处？"

叔父说："没啥，就随便指指。"

白居易说："哦。"

从那天起，白居易的人生不再漫无目的。原本的迷茫渐渐散去，取而代之的是豁然开朗的明亮。

他开始发奋念书、刻苦学习，但他体弱多病，还经常熬夜苦读，年纪轻轻的，头发就白了好几根。

可他乐在其中。

他也在不停地练习写诗，比如这一首《江楼忘归》。

满眼云水色，月明楼上人。
旅愁春入越，乡梦夜归秦。
道路通荒服，田园隔虏尘。
悠悠沧海畔，十载避黄巾。

据传，清代文人纪晓岚读了此诗，说："此香山少作，转胜老境之颓唐。"

他很疑惑不解，一个少年人，为何会写出如此老成颓唐的作品？

其实正如诗中所述，自从白居易躲避战乱以来，已经过了将近十年。

十年了。当初懵懂无知的孩童，在不知不觉中，已然长成一个白衣翩翩、丰神俊朗的少年郎。

贞元二年（788），除夕夜，白居易守在一盏孤灯前，撑起病体，给远方的弟弟妹妹写去书信：

感时思弟妹，不寐百忧生。
万里经年别，孤灯此夜情。
病容非旧日，归思逼新正。
早晚重欢会，羁离各长成。

——白居易《除夜寄弟妹》

他说，突然有点想你们了，睡不着，可我们相隔万里、经年离别，我也只好在孤灯前思念你们一下。

其实我病了，很难受，这除夕夜将尽，我们却天各一方。不过没关系，总有一天会见面的，我想，等到那时，我们一定都长大了吧！

兄弟姐妹四散天涯又如何呢？我在一点点地蜕变，你们也在一步步地成长。渐行渐远也不要紧，我永远都能找到你们所在的地方。

那一年的白居易，十六岁。

他有聚少离多的父亲、刀子嘴豆腐心的母亲、憨厚老实的哥哥、伶俐可爱的弟弟妹妹，以及他心目中，那个有朝一日步入仕途，比肩韦应物、房孺复等人的梦想。

这些，就是当时少年所拥有的全世界。

四

贞元十年（794），白居易的父亲去世。白居易丁忧三年服除后，迫于生计，只好投奔其在溧水做县令的叔父白季康。

贞元十四年（798），白季康让白居易在溧水参加乡试。

贞元十六年（800），这是白居易命运发生转折的一年。

他进京赶考，考完以后，刚走出考场，别人问他考得如何，他笑得一脸嚣张，说怎么也得是个进士吧。可我分明看到，他当天就惴惴不安地写了一句："此生知负少年春，不展愁眉欲三十。"

内容翻译一下就是：麻烦路过的神仙帮个忙吧，我知道我没学好，可这次就让我过吧，我发誓今后一定会好好学习的……

也许是白居易的祈祷起了作用，放榜之日，人山人海，白居易的名字赫然在列，中了，进士！

上一部《少年安得长少年》中咱们提及过，在唐代，科举最重要的有两科，明经与进士。

当时社会上有“三十老明经，五十少进士”的说法，意思是明经简单，一个人三十岁考上明经，别人会觉得你太笨，这么老才考上个明经；而进士则困难，哪怕五十岁的人考中进士，旁人也会惊叹，你也太聪明了吧，才五十岁就高中进士了呢。

按照当时的礼俗，新科进士先拜谢考官、参谒宰相，再去曲江集宴、游慈恩寺。白居易何等春风得意，在大雁塔下题诗：“慈恩塔下题名处，十七人中最少年”。

这是何等的意气风发，恨不得一日看尽长安花！

贞元十九年（803）三月，白居易参加书判拔萃科，及第，进入秘书省担任了校书郎。这个官职虽品秩卑微，只负责点校书籍，但有个好处，就是他可以随心所欲地阅读秘书省里所有的藏书与典章。

现在有互联网、图书馆，想看什么书完全可以去搜索查阅，但唐代不一样，那时的书都是贵重珍宝，有些绝本根本就买不到，所以白居易进入秘书省，对他来说，简直是得到了个大宝藏。

在秘书省里，除了可以阅读到市面上没有的藏书外，还能接触到近些年来国家的一些奏章文件，白居易时常拿来钻研，慢慢地对当时朝廷的方针政策，以及问题弊病都有了清晰的了解。

他渴望自己能够大展拳脚，于是在校书郎任期满了以后，他与好友元稹又潜心学习，再去钻研学问，考过了朝廷特招的制举。

可现实很骨感，白居易只是被授予了一个盩厔县（今西安周至县）尉而已。无他，原因正如白居易自述：“中朝无缌麻之亲，达官无半面之旧。”

没背景、没人脉、没关系。

那么你就只能是这个职位。

十年寒窗苦读，好不容易步入仕途，还以为自己可以为那些小人物尽一份心力，让这个世界变得更美好一些，可谁承想，到头来，他自己也是个小人物。

老实讲，白居易是真的很不喜欢县尉的工作，后来他还说：“臣近为畿尉，曾领和籴之司，亲自鞭挞，所不忍睹。”

作为基层办事人员，能近距离地接触民间疾苦，可也只能眼睁睁看着底层人民继续窘迫下去，自己却无能为力，甚至按照制度与规定，你自己还要亲手去剥削这些可怜的人。

其实你也不想，你也同情他们，你也想给予他们一定的帮助，毕竟，谁的心不是肉长的呢？但是没办法，你不是高层领导，你只是一个办事员而已，你必须按照规定办事，别无选择。

原本白居易还想，等当了官后一定要为民做主，可人在江湖，身不由己，他对民生弊病洞若观火，却无从纠正，因为他的官太小了。

既然如此，那么请问，在唐朝，文人郁郁不得志的时候，会做什么呢？

白居易无奈地说：“我还是去写诗吧。”

田家少闲月，五月人倍忙。
夜来南风起，小麦覆陇黄。
妇姑荷箪食，童稚携壶浆。
相随饷田去，丁壮在南冈。
足蒸暑土气，背灼炎天光。
力尽不知热，但惜夏日长。
复有贫妇人，抱子在其傍。

右手秉遗穗，左臂悬敝筐。
听其相顾言，闻者为悲伤。
家田输税尽，拾此充饥肠。
今我何功德，曾不事农桑。
吏禄三百石，岁晏有余粮。
念此私自愧，尽日不能忘。

——白居易《观刈麦》

我还记得以前有个语文老师说过，白居易的人品不怎么好，很渣，还特别喜欢晒工资。

啧，可是你说说，一个明明自己什么也没做错，只是看见百姓夏日农忙时的苦累，就会引咎自责、愧疚不已的人，能坏到哪儿去呢？

五

白居易表示，自己既然无法为人民办事，那么干脆就为人民发声，用他自己的话来说就是："唯歌生民病，愿得天子知。"

至此，一位风华绝代的大诗人白乐天，横空出世了。

自从唐朝经历了安史之乱以后，诗坛中衰、一落千丈，进入一个沉闷的低谷期，几十年里，几乎再也没出一个值得一提的大诗人。

我就举个例子，李白、杜甫、王维那一拨儿人之后，白居易、刘禹锡、柳宗元这一批人之前，在这中间的几十年里，诗坛的领军人物有十个人，号称“大历十才子”。

他们分别是：李端、卢纶、吉中孚、韩翃、钱起、司空曙、苗发、崔峒、耿沣、夏侯审。

发现了没有，你一个都不认识。

因为以上十人，他们的作品连一首都没能选入我们的语文教材，所以别说和李白、杜甫、白居易相提并论了，就是和岑参、王昌龄、温庭筠相比，他们也差了好几个档次。

就这还是当时唐诗界，如同天花板般的存在。

可想而知，当时大唐的诗坛，已经人才凋敝到了何等地步！

直到白居易出现，他放出豪言：“仆常痛诗道崩坏，忽忽愤发，或废食辍寝，不量才力，欲扶起之。”

现如今唐诗界不景气，到了末法时代，若要挽狂澜于既倒，扶大厦之将倾，敢问，舍我其谁？

那么，白居易是怎么拯救唐诗的？

他说：“为君、为臣、为民、为物、为事而作，不为文而作也。”

白居易与其他诗人不一样，他写诗，不是为了写诗而写诗，而是带有目的性地去写，而且是专门挑刺，批判朝廷的黑暗与不公，同情生活在底层的平民百姓。

他还给这类诗取了个名字：讽喻诗。

说白了，就是专门骂朝廷的诗。其实这类诗以前也有人写，比如杜甫、元结等，但这些诗人只是时而心有所感，才偶尔写一写这种诗。

而白居易就不一样了。他是有计划、有目的、有节奏地大批量生产这类讽喻诗。

这些讽喻诗里，几乎字字扎眼，他说“文章合为时而著，歌诗合为事而作”，诗句紧跟社会热点，句句戳中老百姓的心坎，有时

候，还公然把朝廷的脸给打得啪啪响。

比如，他在长安待的这些年，但凡见到让他感觉悲伤的事，就会收录成素材，然后写作诗歌，整理成了《秦中吟》十首，而其中仔细思索后最让人觉得恐怖至极的一首，莫过于《轻肥》。

意气骄满路，鞍马光照尘。
借问何为者，人称是内臣。
朱绂皆大夫，紫绶或将军。
夸赴军中宴，走马去如云。
樽罍溢九酝，水陆罗八珍。
果擘洞庭橘，脍切天池鳞。
食饱心自若，酒酣气益振。
是岁江南旱，衢州人食人。

白居易有时写诗的套路，和李白很相似，都是前面秀一通文笔，到最后，突然给你画龙点睛一下。

比如这首诗。前面还以为作者是要给我们介绍上流人士的生活日常呢。

可诗尾突然来了句“是岁江南旱，衢州人食人”。

到这里戛然而止，至于后面的事，留给读者自己去想象吧。

这种强烈的反转与对比，把当时触目惊心的社会现实，刹那间刻画得淋漓尽致。

这就是白居易的写诗手法，就俩字：凌厉。

他曾说：“讽喻者，意激而言质。”

白居易清楚当权者有多么迟钝，好心去劝他们，让他们去关注民生悲苦，他们是不会听的，毕竟，人与人的悲欢并不相通。

他的文字句句如刀，里面包含的情绪无比激动，因为装睡的人，叫是叫不醒的，所以白居易选择了用吼。

他写了五十首《新乐府》，其中《卖炭翁》抨击宫市，说宫里的宦官狗仗人势，欺负老年人；《红线毯》讽刺了进奉制度，甚至笔锋直指当朝皇帝……

他当然知道，这么写迟早要引祸上身，可他就是干了，还特别郑重地表示："誓心除国蠹，决死犯天威。"

只要是为老百姓说话，就算是皇帝他也照骂不误。

而关键还在于，他写这些激进的讽喻诗，要光是自己写也就算了，他还把元稹、王建、张籍、李绅这几个人叫上跟他一块写。于是，中国文学史上声势浩大的"新乐府运动"就这样轰轰烈烈地拉开了序幕。

那么朝廷不管吗？

彼时大唐的皇帝是唐宪宗，也称得上一代英主。这位君主知道，对于舆论，堵不如疏，所以白居易如此骂他，他非但没有处理白居易，反而把白居易从盩厔县尉调为翰林学士。

皇帝升了白居易的官位，白居易却并没有闭嘴，反而越写越顺手，朝廷为了展示自己的大度，又继续给白居易升官……结果，在元和年间有了这么一大奇景，一边是白居易写诗骂朝廷，而另一边是朝廷赔笑脸给白居易升官，鼓励他骂得更狠一些。

其实，唐宪宗不讨厌白居易吗？

不，他讨厌，还跟人吐槽过："白居易小子，是朕拔擢致名位，而无礼于朕，朕实难奈。"

一句话，这人咋就喂不熟呢？

其实，在白居易心中，他也认为当今皇帝是一代明君，他写诗一向对事不对人，只要你犯了错，我就会骂，仅此而已。

倘若白居易只是个小诗人，也就罢了，偏偏他名气还大得不得了。与生前默默无闻、死后才封圣的杜甫不一样，白居易在世时就已经名扬天下、四海皆知了。

原因很简单，他的写诗风格走的是亲民路线，一言以蔽之——通俗易懂。

要知道，唐朝的社会识字率不高，可谓“流氓多如狗，文盲遍地走”，而以前的诗人写诗，喜欢用各种天花乱坠的比喻，很美，但能欣赏的只有达官贵族，普通老百姓根本就看不懂写了个啥。

但白居易不一样。他写诗，系于意而不系于文，只要意思到位就行了，何必纠结于花里胡哨的文笔呢?

据说，白居易写诗有个习惯，就是每写一首诗，先给不识字的老奶奶读，老奶奶哪里不懂，他就改，一直改到老奶奶全都能听懂了，这首诗才算完成。

白居易写的诗通俗易懂，所以有大量的“粉丝”，后来他被贬官，一路上遇到的全是背诵他诗的百姓——自长安抵江西三四千里，凡乡校、佛寺、逆旅、行舟之中，往往有题仆诗者；士庶、僧徒、孀妇、处女之口，每有咏仆诗者。

就连白居易和同僚去趟青楼，还有歌女傲然自夸：“我能背诵白学士的《长恨歌》，其他歌女怎么能和我比呢？”

到后来，白居易再去喝花酒，被人家姑娘给认了出来，结果莺莺燕燕迅速簇拥过来，指着他惊喜欢呼：“此是《秦中吟》《长恨歌》主耳。”

在当年，如果日本和新罗的使者来到了大唐，都会一掷千金地搜集白居易的最新作品，以便拿回去献给国王，就连日本的君王都是背着白居易的诗长大的。

可以说，白居易就是大唐的全民偶像。

也正是因为如此，唐宪宗纵然对白居易恨得牙痒痒，也不得不忍气吞声，捏着鼻子给白居易升官。

因为，白居易的身后，有一股可以撼动人世间所有权威的力量。

那力量，叫作民心。

六

元和五年（810），白居易的好友元稹被人给揍了。

当时元稹从洛阳西归长安，路过华州敷水驿，天色已晚，就在驿馆住下。不一会儿，一队宦官骑着高头大马来了，领头的叫仇士良，也嚷嚷着要住驿站。

可房间已经不够，仇士良平素飞扬跋扈惯了，让元稹给他们腾地方。元稹觉得，这事得讲个先来后到吧，再说了，自己毕竟是朝廷命官，难道不要面子的吗？

双方发生了口角，仇士良谩骂元稹，刘士元更是抽出马鞭把元稹给抽打了一顿。

这件事很快上达天听，本来是仇士良主动寻衅滋事，还把元稹打到头破血流，可唐宪宗却偏袒他，认为是元稹不识大体、挑衅在先，并将其贬谪江陵。

打人者安然无恙，受害者却被外放，这算什么道理？白居易得知消息后非常愤怒，再三上书论救，可皇帝执意护短，谁也无可奈何。

在送别元稹之后，白居易将矛头指向皇帝身边的宦官。当年，河北藩镇叛乱，唐宪宗欲出兵镇压，竟让大宦官吐突承璀领兵挂帅。圣旨一出，朝野哗然。白居易上书抨击，皇帝仍旧一意孤行，

最终战事胶着了一年之久，草草收场。

从此，白居易彻底站在了宦官的对立面。

其实这些年来，白居易得罪过的人远不止宦官，对此他心中一直有数——凡闻仆《贺雨》诗，众口籍籍，以为非宜矣；闻仆《哭孔戡》诗，众面脉脉，尽不悦矣；闻《秦中吟》，则权豪贵近者，相目而变色矣；闻《登乐游园》寄足下诗，则执政柄者扼腕矣；闻《宿紫阁村》诗，则握军要者切齿矣！

可想而知，这些讽喻诗已经让白居易谤满朝堂，不法官吏、悖逆将士、宫廷宦官，甚至皇帝本人，都已经对白居易忍耐到了极限。

白居易左拾遗任期刚满，正要改任的关口，唐宪宗忽然对礼部侍郎崔群说："白居易官卑俸薄，可就是资历不够，不能越级提拔，所以你还是让他自己挑选官职吧。"

唐宪宗这话有猫腻，因为按照惯例，左拾遗这个官职，但凡任满以后，几乎都会拔擢高位，且并不存在资历限制，皇帝这完全是以退为进，假意大度，实则是堵死了白居易升迁的道路。

关于皇帝的潜台词，白居易心知肚明，他心灰意冷，自请外放，挑了个京兆府户曹参军的职位，这实际上是离开了中枢，被边缘化了。

元和六年（811），仕途刚刚经历挫折的白居易，又遭遇了人生中的另一大打击——母亲去世。白母之死疑窦重重，有史料透露，白母晚年患上了抑郁症，精神不大正常，在某天赏花时，偶然坠井身亡。

白居易从小就和父亲聚少离多，是母亲一手将他抚养长大，母亲嘴上虽严厉，实则总是一心一意地为他着想。如今母亲突然离世，不论是意外还是有意寻死，都与自己照顾不周脱不了干系，这让他备感内疚，想起母亲的音容笑貌，他一阵恍惚。父母在，人生尚有来处；如今父母去，他的人生，只剩下归途。

按照习俗，白居易应辞官丁忧、回家守孝，他交了官印，把家迁到下邽，这段时间，他难得远离朝堂上的是是非非，可以安心陪伴妻子与女儿。

可女儿的突然夭折，让白居易猝不及防，连带着母亲的逝世，让本就身虚体弱的白居易悲痛成疾，缠绵病榻。

朝哭心所爱，暮哭心所亲。
亲爱零落尽，安用身独存。
几许平生欢，无限骨肉恩。
结为肠间痛，聚作鼻头辛。
悲来四支缓，泣尽双眸昏。
所以年四十，心如七十人。

——白居易《自觉二首·其二》（节选）

曾经，母亲是他前进的动力，女儿是他情感的寄托。这才几个月的时间，动力没了，寄托没了，他什么都没了。明明才四十岁，如今却苍老得好像个七十岁的老人。

他开始自我怀疑：这些年来，我到底为了什么而努力？

元和八年（813），白居易丁忧服除，按例应复官回朝，可唐宪宗好似把他给忘了一般，绝口不提让他回朝一事，就这么把白居易给晾在了一边。

这一晾，就是整整一年。

白居易彻底明白了，对于装睡的人，不只是叫不醒，就算用吼的也吼不醒啊。

这么多年来，他大力提倡“以诗补察时政，以歌泄导人情”，以为可以借助舆论来匡正君主过失，整肃朝廷纲纪，可结果呢？元稹被贬，朝堂之上还是群魔乱舞、小人当道，他根本什么都没有改变！

原来，所谓用讽喻诗自下而上地监督，这种事从头到尾只不过是他的一厢情愿。

胸中十年内，消尽浩然气。
自从返田亩，顿觉无忧愧。
蟠木用难施，浮云心易遂。
悠悠身与世，从此两相弃。

——白居易《适意二首 · 其二》（节选）

元和九年（814），唐宪宗心不甘情不愿地让白居易回朝，给了他一个太子左赞善大夫的官职。

这是个闲散职位，看似尊隆，实则每天无事可做，这让心怀苍生、积极入世的白居易不由得备感失落、郁郁寡欢。

那个曾经春风般的少年，在春风中失了意。他厌倦了朝堂，也放弃了抵抗，开始得过且过、独自忧伤，再也不似当年那般血气方刚、年少轻狂。

有时候，你不得不承认，人确实是在经历了一些事情之后，就悄悄地换了一种性格。

七

元和九年（814），唐宪宗下定决心，征讨淮西。

淮西镇，治所在蔡州，也就是今天的河南汝南，在唐德宗时代脱离了中央掌控，被阴险狡诈的吴少诚谋夺，朝廷曾多次征讨都徒劳无功，只好捏着鼻子承认淮西镇独立的事实。

唐宪宗自即位以后，每每想起因前方兵败，皇祖父不得不下令赦免吴少诚时的屈辱，便誓要雪当年之耻。元和四年（809）吴少诚病死，吴少阳任新的节度使，可彼时朝廷的大军正在讨伐成德镇，为避免双线作战，只能错失这次良机。

时间终于到了元和九年（814）。吴少阳去世，他的儿子吴元济秘不发丧，以父亲名义上表，说吴少阳重病在身，请求朝廷任吴元济为新的节度使。

唐宪宗派人前去吊丧，吴元济急了，出兵四下出击。次年，朝廷命宣武等十六道出兵征讨吴元济。

双方在前线拉锯了半年，吴元济把成德、淄青等割据藩镇也拉了上来，战事一度僵持。而叛贼为了逼迫朝廷让步，暗地委派杀手潜入长安，当街刺杀了主战派宰相武元衡，一时间，举国哗然。

唐宪宗龙颜大怒，严令京兆府追查刺客，可这群刺客无法无天，竟公然向京兆府写信道："谁敢抓我，我就杀谁！"

朝廷颜面扫地，往日在朝堂之上慷慨陈词的衮衮诸公，此刻才发现，自己的生命受到了威胁，一个个都噤若寒蝉，甚至有人打退堂鼓，劝皇帝说，要不咱们还是不要削藩了吧。

就在朝野上下风声鹤唳、人人自危的当口，白居易率先上书，要求朝廷尽快缉拿凶手，并严厉痛斥那些胆小如鼠的大臣。

很快，白居易就遭到了这些人的反击。

他们说，白居易是东宫属官，却乱议朝廷、诽谤同僚，纯属狗拿耗子，多管闲事。更有阴险小人开始翻旧账，说白居易的母亲是在赏花时不慎坠井而死的，白居易却写有《赏花》《新井》这样的诗，这是有伤名教，大不孝。

这一指责，可谓恶毒。

这么多年来，朝廷里的权幸，包括皇帝本人，都十分厌恶白居易，之所以拿他没办法，就是因为白居易代表了舆论，他的身后有千千万万的百姓在给他撑腰。所以，越职言事这样的罪名，根本奈何不了白居易。

既然如此，要收拾白居易，就只能从私德方面入手，只要让老百姓觉得，他们崇拜的偶像人品有问题，那么大家还会支持他吗？

我国古代以孝治天下，要攻击私德，最狠的莫过于指责一个人不孝，这样的人伦大罪一旦坐实，只会落得个万人唾弃的下场。

事实上，白居易这两首诗，都是在白母去世前写的，可朝堂之上的政敌一波又一波地添油加醋，宦官又在背后推波助澜，连皇帝也认同对白居易的指责，在这样的局面下，白居易根本百口莫辩，只能上书谢罪，被贬江州。

而这时候，更让白居易心寒的事发生了。

本来，白居易被谪的官职是江表刺史，虽说远离了中央，可好歹也算得上是封疆大吏，可这时候，中书舍人王涯却说："白居易犯了这样的大罪，怎么能让他治理州郡呢？"

于是，白居易从江表刺史，又降格成了江州司马。

那么，这个落井下石的王涯是谁呢？

他是白居易的朋友。

元和三年（808），王涯因"制科案"被贬谪，白居易在朝堂上为他仗义执言，甚至要求与王涯一同受处分。可如今，王涯为了讨好大宦官吐突承璀，不惜恩将仇报、卖友求荣，在白居易身陷低谷的时候背后捅刀，而就在次年，这位老哥果然获得了丰厚的政治回报，荣任大唐宰相。

这对白居易来说，不啻是一场人生观的崩裂。

如果说，从前他的眼里全是星辰大海，那么从那一刻起，他的眼中，就只剩下了人世凉薄。

他说："宦途自此心长别，世事从今口不言。"

元和十年（815），那个敢为天下先的白居易"死"了，"死"在了本该风生水起的年纪。

庄子说："哀莫大于心死。"

这之后的白居易，活得如同一具行尸走肉一般，发生的一切好像都与他无关。

如此生活，三十年。

八

元和十一年（816），在浔阳江头，白居易与友人在舫船里饮酒作别，忽闻有人在弹奏琵琶，袅袅轻音，沁到心尖。

他们都听得好似忘了时间，白居易率先反应过来，移船过去，说："你的琴声很忧伤啊。"

架不住众人的千呼万唤，女子颔首应邀，抱着琵琶进入舫船。

她遮住容颜，十指飞舞，转轴拨弦间，婉转凄切的音符，便从她的指间轻灵地荡漾出来。

转轴拨弦三两声，未成曲调先有情。
弦弦掩抑声声思，似诉平生不得志。
低眉信手续续弹，说尽心中无限事。
轻拢慢捻抹复挑，初为《霓裳》后《六幺》。
大弦嘈嘈如急雨，小弦切切如私语。

嘈嘈切切错杂弹，大珠小珠落玉盘。
间关莺语花底滑，幽咽泉流冰下难。
冰泉冷涩弦凝绝，凝绝不通声暂歇。
别有幽愁暗恨生，此时无声胜有声。
银瓶乍破水浆迸，铁骑突出刀枪鸣。
曲终收拨当心画，四弦一声如裂帛。

——白居易《琵琶行》（节选）

一曲收罢，四座无言，只见一轮秋月，静默地映于江心。

琵琶女收拾好琴弦，整顿好妆容，站起身来，语气骄傲地告诉大家。

“我可是从京城来的，长在繁华喧闹的下马陵，见过大世面的，才不是浔阳这种小地方的农家女。

“多少年前，我还是一个少女的时候，凭借一手琵琶，惊艳了整个长安城，成了教坊里最年轻的头牌，就连秋娘都会对我的美貌嫉妒不已。

“那时候，我每天都会化上美美的妆，被五陵少年争相追捧，多少纨绔一掷千金，就为了博得我的轻轻一笑。那些什么贵重的首饰发簪，碎了就碎了；还有什么精美的罗裙，脏了就脏了，洗不干净也没关系，我从来都不在意。就这样，我大把大把地挥霍自己的青春，在花天酒地的欢笑声里，任岁月匆匆流去……

“可后来，我一天天地容颜老去，年华不再，门前再也没有了那些追捧我的文人墨客，包括那个曾经让我心动过的少年……

“再后来，我嫁给了一个我并不爱的人。我跟他来到了这偏僻的浔阳，成了一个被困在深闺大院、每日等候丈夫归来的中年妇女，过上了相夫教子、柴米油盐的平淡生活。

“对，也就是你们眼里的，普通人都应该去过的‘好日子’。

“可是我好不甘心。我也曾幻想过，可以每天都过那样无忧无虑的日子，在醉生梦死中享受十丈红尘，不必理会那现实的喧闹……

“我也曾幻想过，或许我还会遇到一个才华横溢、眼里只有我的少年，与他一起谱写一段才子佳人的诗篇……

“我也曾幻想过，有一天我有足够的钱与勇气，可以去江南水乡，去漠北牧羊，去追求那些诗和远方、人间天堂……

“而这些，如今全部都化为泡影，只有在午夜梦回，忆起逝去的青春时，泪痕阑干。唉，到头来呀，我果然还是活成了，曾经最讨厌的样子……”

听完这些自述，众人一头雾水，甚至有人心中讥讽，觉得你一个歌伎，本就不是什么良家子，现在能嫁给一个条件不错的生意人，过上吃穿不愁的体面日子，这总比饭都吃不饱的农民强吧，你至于这么伤感矫情吗?

满座之中，只有白居易轻声叹息。

他站起身来，直视琵琶女的眼睛，说：“我和你一样，也是从京城来的，你说你见识过下马陵的车水马龙，我亦领略过大明宫的气势恢宏，才不是什么普普通通的小司马。

“多少年前，我还是一个少年的时候，凭借一首诗歌，轰动了整个长安城，就连大文豪顾况都对我赞不绝口。

“那时候，我是长安城里最耀眼的新科进士，大雁塔题名的十七人里，我最是年轻。多少文人墨客交口称赞我的诗篇，每逢我写下新作，第二天就会传遍大街小巷。我也曾风华正茂、书生意气、挥斥方遒，为天下百姓发声鸣冤，粪土当年万户侯……

“可后来，我渐渐被朝廷冷落疏远，身边的故友一个接一个地被贬谪，朝堂上再也没有了欣赏我的知音，包括我曾心怀期

待的天子……

“最后，我被贬江州，成了一个无用的司马。

“我也被人说成矫情，人家说，你好歹也是一州司马，虽说手无重权，可也算是地位尊隆，总比那些基层小吏强吧，你至于这么满腹牢骚吗？

“这些话，我们都听了无数遍，在浔阳这个地方，他们都不理解我，也不理解你，因为他们从没闪耀过，所以他们并不知道失去了光芒是种怎样的感受……

“而你我与他们不同。

“我们都知道光明是怎样的模样，我们都曾阅尽繁华，拥有过惊艳的青春年少，而如今却流落天涯、年华逝去，所以，也只有我才能听出来，你到底在感伤些什么……”

他说：“同是天涯沦落人，相逢何必曾相识。”

我们都曾难自拔于世界之大，沉溺于其中梦话，而后来，还是逃不过美人迟暮、英雄白头，终是倾负了流年与韶华。

他告诉琵琶女：“我去年被谪出帝京，来到浔阳养病，可这里太过偏僻，都听不到什么好的音乐，只有一些呕哑嘲哳难以入耳，直到今天遇到了你，真是如听仙乐耳暂明。”

他说：“莫辞更坐弹一曲，为君翻作《琵琶行》。”

既然你送了我一曲音乐，那我便回赠你一首诗吧。

琵琶女听完白居易的自述，愣愣地呆立良久，忽而又坐下，转紧琴弦拨出急声。

这一次，音色虽依然凄切，却不似前面那般。

满座宾客这时再听这一曲琵琶，不由得纷纷百感交集，掩面哭泣。

那晚流泪最多的人是谁呢？

是那个身着青衫的江州司马啊！

九

自《琵琶行》之后，白居易的文学创作已然走到了尽头，再也难有经典或者爆款的诗篇呈上，就算妙手偶得，也无法突破《秦中吟》《长恨歌》等名作。

他在《与元九书》中，把自己生平的诗句分了四类：讽喻诗、闲适诗、感伤诗、杂律诗。

在这四类里，白居易最看重讽喻诗与闲适诗，偏偏老百姓最喜闻乐见的，是感伤诗与杂律诗，譬如感伤诗《长恨歌》。

他叹息："时之所重，仆之所轻。"

举世知音少，这样的孤独让他的创作热情日益减退，同时，由于仕途上的失意，让白居易从昔年的踌躇满志慢慢变得万念俱灰。

他自己都没灵魂了，又如何再给诗句赋予灵魂？

元和十四年（819），白居易到任忠州刺史，总算从闲置中解脱了出来。

可有时候，你期待的东西，若是迟到太久，纵然后来得到了，那也变了味。

白居易没了重整旗鼓的信心，对于仕途，他已经彻底放弃，甚至畏之如虎。

他说："无论海角与天涯，大抵心安即家。"

白居易，字乐天，乐天知命的意思，此时的他，逐渐沉浸在佛、道的精神领域里，过上了一种安静祥和的生活。

元和十五年（820），唐宪宗死于中和殿，朝局发生了翻天覆地的变化，而白居易曾是太子幕僚，如今太子登基，下旨将他召回京城。

他回到中央，先任尚书司门员外郎，不久又转任主客郎中、知制诰，加授朝散大夫，这才服绯衣。与此同时，他的好友如元稹、李绅、杨虞卿、杨汝士等，也先后否极泰来，纷纷荣任要职。

可白居易并没有因此而欢欣鼓舞。

他说："宦途气味已谙尽，五十不休何日休？"

他之所以对宦途冷淡，是由于当今唐穆宗，本就有弑父夺位之嫌，登基之后，耽于嬉戏，丝毫不知民间疾苦，与他的父皇唐宪宗简直判若云泥；当时的官场也拉开了党争的序幕，彼时朝野分牛、李二党，双方各据立场、互相倾轧，朝廷上的正事反而没人去做了。

唐代牛李党争之激烈，几乎波及当时的整个官场，而白居易却能独善其身，当一个特立独行的骑墙派，这是因为他在两党中都有熟人，比如牛党的领袖牛僧孺是他的门生，成员杨虞卿、杨汝士则是他的亲戚；而在李党这边，其骨干成员如元稹、李绅等人，都是和他当年一起搞新乐府运动的好哥们儿。

但每日目睹朝廷上的官员，做事不论是非，只看立场，大唐国运江河日下，他虽痛心疾首，却无可奈何。

他主动向朝廷请求离京任职，说："我还是去杭州当个刺史吧。"

长庆二年（822），白居易主动逃离中央的党争旋涡，跑去了杭州，他后来有首脍炙人口的小词，其中回忆起了这段日子。

江南好，风景旧曾谙。
日出江花红胜火，春来江水绿如蓝。
能不忆江南？

——白居易《忆江南》

如果说，在元和十年（815）之前，他的思想叫激进的民本主义，那么如今，他的思想大概开始转向所谓的中隐主义。

什么叫中隐?

就是身在仕途，心在田园，功名利禄，看作浮云。

他说："是非爱恶销停尽，唯寄空身在世间。"

一言以蔽之，就是"佛系"当官。

如果要理解白居易此时的心态，那首《钱塘湖春行》就可略见一斑。

孤山寺北贾亭西，水面初平云脚低。
几处早莺争暖树，谁家新燕啄春泥。
乱花渐欲迷人眼，浅草才能没马蹄。
最爱湖东行不足，绿杨阴里白沙堤。

你看这首诗里的恬淡氛围，哪还有当年"决死犯天威"的气势?

或许会有人问："这是不是就是所谓的懒政呢？"

当然不是。

白居易虽看淡仕途，没了早年间的进取之心，但在杭州刺史任上，他依旧尽职尽责，比如他发动群众兴修水利，以利灌溉，舒缓旱灾所造成的危害。

不久朝堂又遭逢变故，唐穆宗驾崩，唐敬宗继位，新皇帝年少无知，整日只知嬉闹玩耍，朝政被奸臣李逢吉把持，加之党争倾轧日益严重，白居易更是对朝廷不再抱有希望。

他不想再回到长安那个是非之地，故而走了牛党领袖牛僧孺的路子，得以分司东都，转任洛阳，过一段时间后，白居易又再度南下，出任苏州刺史。

一年之后，白居易身染重病。有一个晚上，他梦到自己被贬官岭南，在泥雨中艰难跋涉。从噩梦中惊醒，他心有余悸，对险恶的官场，彻底地不再留恋了。

他说："既无可恋者，何以不休官？"

宝历二年（826），白居易从苏州启程北返。在他离开的那天，满城百姓扶老携幼地赶来送别，有些人甚至当场哭出了声。

在百姓的簇拥下，白居易也眼含热泪，一步一回首地离开。

他骑在马上，蓦然回首，眼前浮现出几十年前的画面：还是少年的自己，在见识过韦应物、房孺复的儒雅风流后，在叔父面前许下宏愿，"异日苏、杭苟获一郡足矣。"

而如今，他不仅先后担任杭、苏刺史，更是成为超越韦应物、房孺复的大诗人。

当初的愿望实现了，他应该心满意足才对。

可是为什么，他总觉得心口缺了些什么呢？

直到他途经扬州，偶然遇到了一位故友。

这位故友，就是后来人称"诗豪"的刘禹锡。

觥筹交错间，二人互相赠诗，也算是彼此切磋，而这场比试，大刘妙手偶得，竟压了白居易一头。

巴山楚水凄凉地，二十三年弃置身。
怀旧空吟闻笛赋，到乡翻似烂柯人。
沉舟侧畔千帆过，病树前头万木春。
今日听君歌一曲，暂凭杯酒长精神。

——刘禹锡《酬乐天扬州初逢席上见赠》

在偏僻的巴山楚水，我虚度了二十三年的光阴。

怀念故友，空吟笛赋，好不容易回到长安，却已物是人非。

沉舟的旁边，有千船驶过，病树的前头，也是万木争春。

今天听了你为我吟诵的诗篇，暂且用这一杯酒，来振奋精神吧。

当年永贞革新，刘禹锡积极投身改革，那是何等意气风发，可后来改革失败，他被判为逆党，流放边陲，这一去就是二十三年。

如今刘禹锡回来了，当年风华正茂、意气昂扬的年轻人，已是两鬓斑白、垂垂老矣；曾经和他一起参与改革的同僚旧友，也早就凋零陨落，所剩无几。

或许，正是因为相似的遭遇，他们彼此之间才有相见恨晚的感觉吧。

白居易说："彭城刘梦得，诗豪者也，其锋森然，少敢当者。"

刘禹锡借白居易的吉言来为自己打气，又何尝不是在激励白居易不要放弃呢？

是呀，刘禹锡饱经二十三年的蹉跎，还能不失豪侠之气、赤子之心，而自己和他相比，已经算得上幸运很多了。

人家都这么有干劲儿，我又怎么好意思再这么颓废下去？

十

大和三年（829），白居易因病改授太子宾客，分司东都洛阳，就此赋闲在家，此后再也没回过长安。

他回忆生平，感慨地说："同时六学士，五相一渔翁。"

当年与他一起当翰林学士的同僚，都先后拜相执国命，唯独只有他，到头来，还是个闲散的渔翁而已。

其实，真正的白居易，早在四十五岁那年，就“死”在了浔阳江头。后来的三十年间，他虽然没死，却也没了活着的感觉。

其实很多事他早就明白了结局，那些所有的折腾，只是拖延一下散场的时间而已，到了最后，也不过是你陪我一程，我念你一生。

他也曾勇于追求理想，为大唐江山、黎民百姓尽心尽力，可下场却是贬谪江州、众叛亲离。他什么也没有改变，也没有人要求他去改变什么，所谓的中兴大唐，只不过是他在自作多情罢了。

到后来，连他最后的精神寄托、知交好友元稹，竟也先他而去，这世界上再也没有懂他的人了。这个人间，在白居易的眼里，孤寂得可怕。

岂无晚岁新相识，相识面亲心不亲。

人生莫羡苦长命，命长感旧多悲辛。

——白居易《感旧》（节选）

别人都羡慕他长寿，可唯独他知道，自己的人生，犹如一潭死水，再也掀不起什么波澜，安静得让人窒息。

大和九年（835），朝廷大权都掌控在宦官的手中，而宦官的头目，叫仇士良。

如果你觉得这个名字眼熟，可以往回翻翻，当年在敷水驿，正是他与元稹争住上房，还把后者打得头破血流。

多少年后，此人已经成了左神策中尉，掌控了神策军的军权，连皇帝都成了被他玩弄于股掌之中的傀儡。

唐文宗不甘，与宰相合谋，试图以天降甘露之名，引诱仇士良等宦官去后院观察，借机让埋伏在那里的士兵将其诛杀，好一举收回旁落的君权。

奈何与皇帝合谋的人演技浮夸，让仇士良看出了端倪，导致这场密谋失败，再然后，整个长安城都将面临仇士良的复仇。

宦官率领的神策军像疯了一样，在长安城大肆捕杀百官，不分敌友，只要是穿官袍的，那就是个死，就连当年那个陷害白居易的王涯，也被擒斩首。原本庄严肃穆的长安城，顿时化为一片血海。

此后，皇帝彻底成了宦官的掌中之物，唐文宗哭泣着哀叹道："周赧王、汉献帝好歹还只是受制于诸侯，朕更不堪，居然受制于宦官家奴。"

这就是历史上著名的"甘露之变"，也是历史学家眼中，"中唐"和"晚唐"的分界线，大唐王朝中兴无望，江河日下的转折点。

不知道是幸与不幸，由于白居易早早地隐居洛阳，侥幸逃过一劫，可这件事对他来说，不啻晴天霹雳。

面对日薄西山的大唐江山，他已无力振作，只好在自己力所能及的范围内，尽一点绵薄之力。

譬如，会昌四年（844），已经致仕的白居易，听说洛阳龙门潭附近有处险滩，暗礁潜藏，过往船只常常触礁沉没，当地百姓深受其苦。他把自己这些年攒下的积蓄全部捐献出来，还四处筹措工钱，终于成功疏通了河道。

他说："我身虽殁心长在，暗施慈悲与后人。"

那年的白居易七十三岁了，与当年那个为民做主的年轻人相比，他从来都没有改变过。

值得一提的是，在他晚年隐居之时，偶然结识了一个少年，名叫李商隐，他喜欢得不得了，尤其对这个后生的才华无比钦佩。

李商隐在认识他的时候，是个伤感的文艺小青年，他的诗风隐晦迷离、深邃哀怨，这让白居易感觉特别新鲜，他从没见过有人还

能这么去写诗的。

同样是写情诗，白居易的句子直抒胸臆，比如“墙头马上遥相顾，一见知君即断肠”。

而李商隐就喜欢雾里看花、朦朦胧胧，比如“此情可待成追忆，只是当时已惘然”。

前者是一看就懂，后者是咋看都不懂。

完全就是两种诗风。

可神奇的是，白居易却偏偏喜欢与自己风格截然相反的李商隐，或许，他是从李商隐的诗句中，读出了自己吧。

他喃喃自语道：“此情可待成追忆，只是当时已惘然。”

白居易的眸子微微闪烁，脑海中浮现出一抹翩翩倩影，心中泛起一丝涟漪。是啊，第一次见你的时候，真的没想到，后来会喜欢你那么多年呢。

现在的他，见一个爱一个，其实是谁都不爱，连自己都不爱。他没了爱情，没了友情，没了理想，除了那些诗，他什么都没有了。

这个糟老头子哈哈大笑，对李商隐留了句让后世学者都无奈的话：“若有来生，我愿意投胎给你当儿子。”

而后来，李商隐果然没辜负白居易的厚望，倘若说白居易是中唐诗坛的“一把手”，那么李商隐就是晚唐诗坛的“天花板”。

白居易死后，他的墓志铭便出自李商隐之手。而更有意思的是，李商隐后来还真生下了个儿子，他专门给儿子取名“白老”，也算是对白居易当年那句调侃的一种致敬。

只可惜，这个儿子没什么天分，怎么培养都成不了才，以至于另一位诗人温庭筠还打趣说：“这孩子要是白学士转世，未免也太羞辱白学士了吧。”

当然，这些都是后话了。

十一

有的人四十五岁就死了，直到七十五岁才埋。

其实，这句话很适合白居易。晚年的他，没有惊喜，没有渴望，没有期待，无悲无喜、浑浑噩噩地寄存在人间。

他甚至给自己写过墓志铭：“吾安往而不可，又何足厌恋乎其间？”

对于这个世间，白居易不厌弃，但也没什么好留恋的。

曾经的他，有疼爱他的母亲、相亲相爱的兄弟、两情相悦的恋人、灵魂契合的元稹，还有向全世界宣战的勇气。

那时候的他，拥有全世界。

而后来的他，至亲投井自尽、挚爱不知所终、挚友先他而去、兄弟们一个接一个地凋零，就连原本那个经世济民的梦想，也在现实面前支离破碎。

他什么都没有了。

他说：“老来多健忘，唯不忘相思。”

那么，他思念的，到底是谁呢？

直到后来的一天晚上，白居易做了个梦。

他梦到自己在晕晕沉沉、恍恍惚惚间，忽而身处繁华喧闹的长安城，人山人海、锣鼓喧天，每个人都欢天喜地地看向他。

他不明白发生了什么，低头看了看自己，发现自己竟是少年时的模样，那般风华正茂，那般朝气蓬勃。

他霍然抬起头，竟看见母亲含笑迎上来，对他说：“当今天子赐婚，你可以迎娶你喜欢的姑娘了，今天是你的大喜之日。”

他险些以为自己听错了，还没来得及反应，就被簇拥过来的兄弟姐妹们推上马，嚷嚷着叫他快去接新娘。他从头到尾都笨手笨脚，一旁的元稹实在看不下去，于是凑过来，手把手地指导他应该怎么做。

终于，他接到了那个披着盖头的女子。

元稹连叫带吓地把闹洞房的亲友全赶出去，嘿嘿地回头一笑，冲他眨了眨眼睛，很贴心地把房门缓缓关上。

此时的屋里，只剩下他与那个女子。

他的手几乎是哆嗦着揭开了那面盖头，那个陌生又熟悉，这些年无数次出现在梦中的面庞，就在他的眼前。

那一刻，他潸然泪下……

梦中的画面就此定格，而梦境之外的白居易，眸子里的光已然涣散，勾起的笑容也慢慢凝固。

会昌六年（846），白居易病逝于洛阳，享年七十五岁。

刚刚登基不久的唐宣宗，听闻白居易病殁，竟以天子之尊，亲自写诗悼念。

缀玉联珠六十年，谁教冥路作诗仙。
浮云不系名居易，造化无为字乐天。
童子解吟长恨曲，胡儿能唱琵琶篇。
文章已满行人耳，一度思卿一怆然。

——李忱《吊白居易》

所有人都以为，白居易是诗魔。

其实，我们的乐天，他是诗仙呀！

第七章 这个男人不太冷

稚嫩的他，拿起重重的铁锹下地种田，好不容易抽到空闲，就坐在破败不堪的土堆上，一边啃着硬硬的馒头，一边翻起诗书，津津有味地看。

一

你遇到过，你的好兄弟忽然向你“告白”吗？

鄙人有幸，遇到过一次。

当日，我与元稹在平康坊买醉，不一会儿，就喝成了两个王八蛋。

我喝醉后嘴上没个把门的，容易胡咧咧，因此没少得罪人。今日也一样，我知晓眼前人素来风流，便大着舌头问：“老元，你最爱的人，是哪个？”

他擎着碗，身子摇摇晃晃的，目光斜斜地睨着我，半晌，吐出一个“你”字。

我就笑道：“别闹，快说，是谁？”

元稹目光迷离，眼神轻飘飘地落在我身上，语气竟带着哭腔地说：“就是你啊。”

我本醉意朦胧的大脑在那一刻猛然清醒。

眼见元稹像只醉猫一样，缓缓朝我摸了过来，我身上立时汗毛倒竖。

正在我设法溜之大吉的时候，忽见元稹一头栽倒在我怀里，人昏死过去，嘴里还语无伦次地喃喃轻语。

我俯下身去，听到两个字。

“阿从。”

我登时醍醐灌顶，元稹喝傻了，以致错乱颠倒，把我看成他已然故去多年的亡妻——韦丛。

酒楼老板上来，见元稹酩酊大醉，要端来醒酒汤，被我拒绝了。我低头看着正沉浸在笑意中的元稹，轻轻叹了口气：“就让他与妻子再待久一点吧……”

伴客销愁长日饮，偶然乘兴便醺醺。

怪来醒后傍人泣，醉里时时错问君。

——元稹《六年春遣怀八首·其五》

我忽然感觉有些残忍，现在醉梦中的元稹有多幸福，那他醒来的那一刻，就该有多绝望。

我轻轻地摩挲着他的头，就让他以为是韦丛还在，还像以前那样任他蜷缩在怀里小憩一样。

这应该不是他第一次梦到她了吧？

听人家说，频繁出现在梦里的人，是你的大脑感觉到了你的思念，替你见了一面朝思暮想的人。

或许对元稹来说，现实反倒像在梦中，如同一场盛宴，令人目眩神迷的灯火酒色、光雾相映，却怎么也比不上家中一碗热腾腾的面来得温暖。

二

我认识的元稹，曾被无数人苛责。

他们吐沫横飞地指手画脚，什么“渣男”“凤凰男”等各种铺天盖地的谩骂。

可他们从没认真了解过这个人。

也许是听了几段市井浮言，也许是看了些似是而非的文章，便自以为明辨是非，站在道德的制高点，对着元稹指指点点，该这样，该那样，让他的名声就这么臭了一千多年。

这些人把自己阴暗的心思有意无意地强加在他身上。从最初的不明所以，到后来的全部洞悉，他还是选择无言地全部接受，哪怕这些本不该由他承担。

元稹（779—831），字微之，河南（今河南洛阳）人。

说起来，元稹祖上还是北魏皇族，只不过到了隋唐时期，鲜卑没落，融入汉族，到了元稹这代，那点皇族血统已经被稀释到忽略不计。

在元稹八岁那年，父亲元宽去世，元氏一脉家道中落，家境陡然拮据，只能搬离长安，前往凤翔。大抵从那个时候起，他便开始体会起这人生中一场又一场拥挤不堪的游戏。

记忆中，元稹的童年都在衣不蔽体、食不果腹的苦厄中度过，就连读书的机会，都是他直挺挺地跪在母亲面前，为自己求来的。

稚嫩的他，拿起重重的铁锹下地种田，好不容易抽到空闲，就

坐在破败不堪的土堆上，一边啃着硬硬的馒头，一边翻起诗书，津津有味地看。

有时遇到流浪狗了，他会把馒头掰成两半，给它分一块，还满怀歉意地说："抱歉啊，我也没有更多吃的可以给你……"

一个人拥有不属于他那个年龄的神韵，是因为经历了不属于他那个年龄的不幸。或许人不该感谢苦难，但再苦难的童年，都可以在零星的幸福中挑挑拣拣，最终拼写成一个大写的"爱"字。

贞元九年（793），元稹明经及第，那年他才十五岁。

按理来说，中唐重视进士，中进士者的起点也高，发展前途更好。

可毕竟进士难考，元稹家贫，迫切需要考取功名贴补家用，不敢像别人那样十年寒窗博个未卜的功名，只能放弃士子趋之若鹜的进士科，转而选择相对容易且冷清的明经科。

唐代科考分三个等级：礼部考试、吏部考试、制举考试。

元稹考过礼部试，依制要守选七年之久，在此期间，文人一般都会漫游四海、拓展人脉，元稹也不例外。

贞元十五年（799），他路过蒲州，暂住河中府普救寺，在这遇到了亲戚郑氏一家。

恰逢当地军队哗变，有流兵四处烧杀抢掠，而郑氏一家钱财丰厚，要是被这些大头兵发现，恐怕得大祸临头。

多亏元稹找来军中的好友，让他们回护郑氏一家，这才让普救寺的众人幸免于难。

三

贞元十九年（803），元稹一举登科，入秘书省担当校书郎。

也就是那年，元稹认识了一生中最重要的一男一女。

男的是白居易，当年他们二人一起高中，还一同去秘书省供职。

秘书省的职位清闲，不过好在大唐藏书典籍尽在于此。元稹与白居易都是嗜书如命的人，他们一同攻读书籍，后来干脆找了个寺院同住，互相监督复习，以应对最后的制举考试。

两个年轻人关门闭户，阅读这些年来大唐的秘藏典籍，揣摩当代之事，发现他们二人对某些国家大事的看法惊人地契合，于是干脆一同编撰对策，将大唐朝廷里里外外的问题剖析了个遍。

他们注定不会平庸地活下去，在满目浮躁和污浊中，他们依旧保有明亮的眼睛和敏感的心，带着矢志不渝的信念坚定前行，其铿锵有力的心跳声是最好的证明。

我坚信，大唐有了他们，注定会被搅得天翻地覆。旧的规则，由他们来打破；新的规则，由他们来书写。

关于元稹与白居易的故事，可以详见最后的番外，这里不再过多赘述。

更关键的，是元稹在这一年遇到的另一个人，陪他一起对抗现实的怀疑和无力，一起面对生命的虚无和无常，与白居易一样，这个人也贯穿了他此生此世的爱与痛，即他的发妻——韦丛。

当年的元稹，一眼就被东都留守韦夏卿的女儿韦丛相中。有的

人仿佛天生就是为了另一个人而来的，常常会有一段不曾预想的爱情，精彩了苍白空洞的人生。

在一片欢天喜地中，元稹娶了韦丛，也和记忆里的崔莺莺道了别。

起初元稹对这段婚姻并无多少期待，都说爱情是精神生活，遵循理想原则；婚姻是物质生活，遵循现实原则，更遑论这种政治联姻，能相敬如宾已是滔天之幸，谁还敢奢望爱情？

在别人看来，韦丛是日思夜想也娶不到的女神。元稹自小苦惯了，对这种娇生惯养的大小姐天生恐惧。她身上穿的是绫罗绸缎，日常喜欢的是弹奏箜篌。这样的人应该嫁一个家境富裕的阔少贵公子，或者嫁入王府与皇族联姻，千不该万不该出现在自己身边，还一起住在这样一间简陋不堪的屋子里。

可她就偏偏出现在了他的身边，还牵着他的手，面带羞涩，沉浸在新婚的浓情蜜意里。

元稹感到好笑。

他认为，面前这个女子只是暂时被爱情冲昏了头脑，自己只不过是个卑微的校书郎，每年那么点俸禄，可给不了她锦衣玉食的生活。在生活的逼迫下，她早晚会看清生活的真相，最终离开自己。

可他元稹终是走了眼。

原来韦丛也可以不穿绫罗绸缎，粗布麻衣也安之若素。寒冬腊月里看到他单薄的衣衫后，这位大小姐亲自跑去学习针线，翻找衣箱为他缝制衣服，原本用来弹箜篌的纤纤玉手给扎得到处是血口子。

她也是可以不穿金带银的。元稹有时会有同僚造访，韦丛知道男人好面子，怕丈夫在朋友面前脸上挂不住，就特意摘下头饰去换了好酒，来招待丈夫的贵客。

她从小用的是玉盘珍馐，可自从嫁给元稹后，却要用落叶枯枝当薪火，用野菜来充饥。元稹愧疚不已，正要开口，却见韦丛一脸满足地说："这个也太好吃了吧!"

他忽然就怔在原地，羞愧感不断地在心头翻滚，野菜那么难以下咽，怎么可能好吃?

或许对于不喜欢的人，人们常常都是以索取来获得安全感，可对于喜欢的人，却是生怕要得太多、给得太少。

韦丛从没在这段婚姻中索要过什么，只是无私地付出，她还美滋滋地向他描绘："以后等你当了大官，咱们有了钱，你可一定得带我去五湖四海旅游去。"

在理所当然的话语里，他悄然落泪。

元稹看向眼前笑容甜蜜的韦丛，他目光里的生硬，慢慢地动摇、稀释，随后烟消云散，化成了说不尽的温柔。

他又怎会不知道她的爱。多少个日夜，看着她在家里日复一日等候他的身影，看到她对他的付出，看到融化自己的不只是夏日的阳光，还有那种爱上一个人时的心情。

他没有想到，自己会在崔莺莺之后爱上另一个人。面前这个姑娘明明身形如纸片般单薄，却为他撑起了整个天空。

他们没有昂贵钗环，他就替她闯入春光里，摘下一朵纯白的梨花，送给春光明媚的她。

寻常百种花齐发，偏摘梨花与白人。

今日江头两三树，可怜和叶度残春。

——元稹《离思五首·其五》

她嘟嘴道："干吗送我白色的花，不吉利。"

他笑道："谁让我夫人的皮肤纯白如玉呢？"

她忽然就笑了，笑容带着万种风情，刹那间让这一片片的花海都黯然失色。

四周只有一些细小的片段，纵横着，交错着，沉默着，慢慢地日头西斜，夕阳下安静的斜影似乎也忽然晃动起来。

他们手拉手，看着彼此，在小小的天地间走着。那些爱意隐隐闪现，却又不经意匿于尘埃之间。天真如他们，以为还有很久的时光可以用来辜负，于是双手合十，企盼时光停留，永不终结。

可谁承想，多少年后，在同样的树下，只剩下一片绿叶与元稹一起度过那余生的残春。

四

元和元年（806），元稹与白居易同登才识兼茂、明于体用科，元稹更是一夺魁首，授官左拾遗，也就是谏官。

元稹把当年在华阳观时，与白居易一起讨论的政见一股脑地倾泻而出。

彼时永贞革新刚过去没多久，元稹上书认为皇子教育应该慎重，避免再度出现王叔文这样的投机小人，还纵论西北边事，旗帜鲜明地支持当时的监察御史裴度。

可现实总不尽如人意，朝堂里的老油条很快就给元稹与白居易这两个人上了一课。由于他们锋芒太露，让宰相很没面子，所以元白二人先后被贬到地方。屋漏偏逢连夜雨，抚养元稹长大的母亲去世，他回家守孝三年，到了元和四年（809），才复出为监察御史。

看到回朝的元稹，朝堂上的“前辈”们认为元稹受到了教训，会学乖点，就表示你们这些年轻人别太气盛了。

元稹却回击道：“不气盛能叫年轻人吗？”

可笑世人看轻他们，妄想他们会慌不择路，妥协地接受命运，谁知他们却让荣耀照亮了生命，踏着嘲讽前行，灵魂新生。

那一年，元稹奉旨出使东川。

临走时，因韦丛身染重病，元稹本想留下陪伴，可韦丛却说：“别忘了答应我的事，在我眼中你是要改变大唐的人，东川那些受苦受难的百姓可等着你呢。”

于是元稹就走了，他没想到，这一走即永别。

在东川，元稹铁面无私，连连上疏弹劾东川的不法官吏，平反了当地的许多冤案。

没过多久，中枢的调令下来，元稹被解除剑南东川详覆使的身份，到洛阳挂了一个闲职。

元稹没有气馁，他有那种孩子气的坚韧执着、沉浮于世间却依然固守的纯粹，始终未变。

他连连书写弹劾奏疏，准备重整旗鼓，可就在下一刻，帝都的友人来信，告知了他一个噩耗。

韦丛，病逝了。

五

元和四年（809）七月，韦丛病死家中，享年仅二十七岁。

这个消息到来的刹那，突兀的一声好像有什么东西轰然坍塌，只剩下遍地狼藉。元稹眼前的世界不断扭曲变形，待安静下来后，耳边只剩下自己的哭声，在漫无边际的黑夜中回响。

疼痛过后的脆弱，也许会覆盖所有感情，既无法积累，也无法沉淀，只能逐字逐句排解而出。

闲坐悲君亦自悲，百年都是几多时。
邓攸无子寻知命，潘岳悼亡犹费词。
同穴窅冥何所望，他生缘会更难期。
惟将终夜长开眼，报答平生未展眉。

——元稹《遣悲怀三首·其三》

在冬末繁盛的光华下，元稹曝晒了大片大片对亡妻的思念。

这份思念与四季交替一样漫长，在无数个漫漫长夜犹如千万只蚂蚁一般啃噬着他的灵魂。

有多少日子，无边伤感的元稹都会站在墓碑前，失去任何语言的能力，就只是沉默。

六

元和五年（810），元稹因弹劾开国功臣房玄龄后代不法事，被召回京城。

途经华州敷水驿，当晚便留宿在驿馆上厅，不一会儿，宦官仇士良、刘士元等人到了驿馆，扬言也要住上厅。

这事本要论个先来后到，元稹就据理力争，谁知这帮宦官在宫廷内横行跋扈惯了，二话不说扬起鞭子就把元稹抽得头破血流，将其赶出了上厅。

敷水驿事件上达天听，大臣纷纷认为是仇士良等人无端寻衅，擅自殴打朝廷命官，罪无可恕。可皇帝却偏袒宦官，以“元稹轻树威，失宪臣体”为由，将元稹贬为江陵府士曹参军。

走投无路大概就是他现在这样，明明什么都没做错，却被扫地出门。

人在困顿的时候，心底的伤痛就会缓慢地泛上来，他开始想念韦丛，那个曾经让他感受到温暖的妻子。

元稹续过弦，不过事出有因，他在江陵因水土不服，常常病患在床，又要分精力去处理公务，实在无法照顾他与韦丛的女儿，于是在好友的张罗下，纳安仙嫔为妾，负责照顾元稹与女儿的饮食起居。

安仙嫔照拂元稹仅四年，便因一场疾病而死去。至元和十年（815），元稹再贬通州，又一次染病，险些丧命，不得已北上就医，在途中他认识了裴淑，二人结为夫妇，其实不过是凄苦命运中，找一人陪伴余生而已。

看起来元稹似乎并未能从一而终，但在那个三妻四妾成风的年代里，元稹每一任都是错开的，没有无缝衔接，且每任期间也没有另纳妻妾，始终都能做到身边只有一个人。

而更重要的，就是元稹续弦，是要照顾他的子女。

童稚痴狂撩乱走，绣球花仗满堂前。

病身一到繐帷下，还向临阶背日眠。

小于潘岳头先白，学取庄周泪莫多。

止竟悲君须自省，川流前后各风波。

——元稹《六年春遣怀八首·其七、八》

韦丛的忌日，他拖着病躯，在台阶上疲惫地靠着，女儿任性，不懂伤悲，还在灵堂前乱跑乱跳，把绣球花仗弄得满地都是。

元稹看向稚嫩的女儿，似乎能看到曾经那个熟悉的面孔，记得刚贬谪江陵的时候，他曾想过去死，可却无意间翻出韦丛生前寄给自己的信。

信上的字迹歪歪扭扭，行距也时阔时狭，只能算勉强成行，她让他好好地，“让我安心比什么都重要……”后面的字迹就模糊起来，瞧不清楚了。

他潸然泪下，好像又想起了妻子弹奏箜篌的声音，很空灵，好像就在耳边，他在家中找来找去，发现架子上的箜篌早已落满尘埃。

检得旧书三四纸，高低阔狭粗成行。

自言并食寻高事，唯念山深驿路长。

公无渡河音响绝，已隔前春复去秋。

今日闲窗拂尘土，残弦犹迸钿箜篌。

——元稹《六年春遣怀八首·其二、三》

一直觉得元稹和韦丛是唐诗中最完美的爱情，虽然彼此的手心都已长出藤蔓，分离的时候有不可思议的强烈痛感，但还是会义无反顾地把彼此推向更好的道路。

他们可以为对方改变，可以牺牲自己把对方推向更好的地方，只是人都无法预料自己究竟从神明手中借得多少年岁，所以他恼恨自己没珍惜那段时光，明知道是撕心裂肺的痛，还是不死心地去怀念那种越想抽离越是清晰的感受。

亿万年不曾老去的月光静静地披在他单薄的肩上，梦境中她静静地躺在自己的怀里，乖顺得如在森林里绕着树干生长的藤蔓。可每当他惊悸醒来，只能看到昏暗的光线投射在手面，好似屏蔽掉所有现实的疼痛，随时间的缓慢移动最后蔓延全身，让泪水溃散在眼角深处。

他不止一次地想过，会不会一觉醒来，白居易还在，母亲还在，最爱的韦丛，也在？

曾经整个世界的光芒把她包围，在她走后，元稹的心中再也不会倒映出奇迹，只因他的灵魂早已随她而去。他再也无法抓住那已经逝去的光芒，只能仰得脖颈酸痛，眼睛被光线刺得泪流不止。

曾经沧海难为水，除却巫山不是云。

取次花丛懒回顾，半缘修道半缘君。

——元稹《离思五首·其四》

我见过汹涌澎湃的沧海，也看过无边无垠的巫云，自从没有了你，我觉得连天地都是在浪费，千山万水的风光怎么也不及你万一。

我任由时光如流水般倒退，希望能将我们定格在初见的那刻，从此以后，沧海没有水，巫山不驻云。

七

这里提一下元稹的诗。

自从安史之乱后，大唐帝国的国力一落千丈，连诗坛也衰落不堪，唐代宗年间所谓的“大历十才子”，怎么写也无法突破盛唐诗人的窠臼，于是有人惊呼：“唐诗死了！”

及至中唐，每个天纵诗才都在苦苦思索，该如何给唐诗寻找一条出路？

元稹也不例外。

元和八年（813），一个小伙子风餐露宿，跋涉百里，只为求见元稹，替他的爷爷写一篇墓志铭。

元稹热心肠，这类要求一般不会拒绝，就问了句：“你的祖父是？”

小伙子回答：“爷爷姓杜，讳名一个甫字。”

那几天，元稹为了写好墓志铭，便将这个小伙子带来的诗稿翻来覆去地读，越读越是心潮澎湃，惊奇连连。

他自幼苦读诗书，以为最伟大的诗人应该是宋之问、沈佺期、陈子昂这些人，可如今却发现，居然还有这样一个默默无闻的人，他的文采丝毫不让以上这些名家，甚至还远远过之。

他说："苟以为能所不能，无可不可，则诗人以来，未有如子美者。"

终于，他的大脑轰的一声彻底清明，谁说唐诗已死？有杜甫留下的钥匙，我就可以打开诗歌王国的下一扇大门。

他联系白居易，引入杜甫为民作诗的特点，完善并发展了他们的"新乐府运动"。

什么叫新乐府？

就是由元白二人倡导，恢复古代的采诗制度，以讽喻时事、补查人政为主的作诗传统。

换句话说，就是写的诗句要句句写实，切合时弊，用舆论来钳制朝廷，令昏君奸臣不敢为所欲为，所以在文辞上也直截了当，语句通顺，甚至合于声律，可以入乐。

白居易后来在寄给元稹的信中说："诗到元和体变新。"

二人常年来往赠答，他们的诗句在江南尽人皆知，驿舍道途人人讽诵，一直流传至宫中，里巷之人互相传诵，致使市面上一度洛阳纸贵。

元稹的声名，也由此传到了东宫，有嫔妃常常念诵元稹的诗歌，尤其是那首《行宫》，更是说出了每个身居宫廷之人的落寞心声。

寥落古行宫，宫花寂寞红。
白头宫女在，闲坐说玄宗。

逐渐地，元稹的名字被当时的太子李恒所知，每当读完他的诗句，太子都会感慨良久，赞叹一声"元才子"。

而这，也为元稹日后的仕途，埋下了一个伏笔。

八

元和十年（815），元稹被召回京城。

沿途上他遇到了命运相似的刘禹锡、柳宗元等人，一同行至长安，在泪眼婆娑中看到了在城门下等待他们多时的白居易。

本以为此行他们四人都会否极泰来，不承想由于刘禹锡突然的“嘴贱”，得罪了当朝宰相武元衡，元稹与刘、柳二人又被贬谪远州。

就在当年，削藩战争打响，武元衡被藩镇派遣的刺客暗杀，案子牵连到的白居易，也被贬到了江州，不得不说这一年的大喜大悲来得太突然了，刚见着起色，就又是一落千丈。

随着削藩战争的圆满结束，与元稹友善的崔群、裴度等人先后拜相，元和十四年（819），元稹被召回朝廷，还与令狐楚结为好友，后者酷爱其诗文，称其为今代之鲍、谢也。

元和十五年（820），唐宪宗死于非命，其子李恒即位，是为唐穆宗。

当年元稹被贬谪江陵的时候，与当时的监军宦官崔潭峻相识。

崔潭峻早知道新皇帝还在东宫时就喜爱元稹的诗句，心知这是个潜力股，迟早飞黄腾达，倒不如趁着现在雪中送炭一把，也当是结个善缘。他问元稹要了数百篇诗稿，元稹犹疑，这要是给了，那就算是与宦官勾结，换作以前年轻的自己，是绝对做不出来的。

可当初那种狠劲和炽烈持续了太久，光回忆就很漫长，最后只落得个流落地方，于是他体内的另一个人格开始在心里疯长，忌妒与愤恨遍地横生，那也是他自己的一部分，让他不知道该如何对待。

世上最糟糕的感受就是不得不怀疑先前深信不疑的东西，可现在，他终于学会了拥抱另一个自己，与宦官勾结就勾结吧，只要无愧于心即可，当即便把自己私存的诗稿给了崔潭峻，任他献给皇帝。

皇帝阅览后，大喜过望，问：“元稹如今在哪里？”

崔潭峻回答：“现为南宫散郎。”

皇帝迫不及待，当即擢升元稹为祠部郎中、知制诰。

步入仕途十余载，元稹终于走入了天子的视野，开始官运亨通起来。

长庆元年（821），元稹终于当上了梦寐以求的宰相，执掌大唐的国命。

可随即而来的，是铺天盖地的谩骂与质疑。

原因只有一个，元稹的拜相得益于和皇帝的私人关系，没有走正规的官僚审核程序，这样算得上是走后门，干扰了朝廷正常的升迁秩序。

元稹受到了官僚集团的排挤，不过他本人并不打算理会这些唇枪舌剑背后躁动的阴谋：一个人在享受光鲜的同时，也必须承受更多的非议。

但在这个位子上，元稹坐得一点都不轻松，尤其是当那只覆盖了整个中晚唐的黑手探来的时候，即便是已然贵为宰相的元稹，也要为之付出惨重的代价。

那只黑手，便是每个中晚唐士人都逃不开的官场旋涡——牛李党争。

九

牛李党争，简单地说，就是牛僧孺与李德裕的对决。

这两位后来也都升任宰相，在朝廷内拉帮结派，还领着自家的小弟互殴，做起事来只论立场，不问是非。斗争历经中晚唐六位皇帝共四十余年，将整个大唐官场都搅和了进去。

在中晚唐，每个士人刚入官场，就必须选一党站队，而这两党也轮流执政，一党当权，另一党就倒霉，四十余年来不停地拉锯，他们的宗旨是对人而不对事，一度把朝廷搞得乌烟瘴气。

那么，两党到底有什么深仇大恨？

起因是元和三年（808），唐宪宗一时心血来潮，举办了一场制举考试，还说但凡当前朝廷有什么过失，考生都可以放言直谏、畅所欲言。

但凡有点社会阅历的，都知道领导说让你批评自己那都是跟你客气一下，可谁知当年的考生牛僧孺、李宗闵还就较了真，洋洋洒洒地把朝政给批判了一番，文章还写得极好，一时间天下传诵，人人都知道朝廷的国策有问题。

这下皇帝与宰相坐不住了，当时的宰相正是李德裕的父亲李吉甫，他觉得这两个考生对他十分不利，二话不说就劝唐宪宗把他们给贬黜远方。

牛僧孺、李宗闵觉得委屈，你让我畅所欲言的，怎么还是我的错了？他们也不敢把过错算给皇帝，于是就把账算给了李吉甫，李吉甫死了，那就父债子偿，再把仇结在他儿子李德裕头上。

在元和年间，牛僧孺、李德裕等人还只是小官，掀不起什么风浪，但唐穆宗登基后，这些元和三年（808）制科案的当事人也都先后升官，成了官场的主力军，于是当年的私仇就延续到了此时。

爆发点，就是长庆元年（821）的科场舞弊案。

这一年，礼部侍郎钱徽主持进士科考试，右补阙杨汝士为考官，这两个人都是牛党成员，所以在考试的时候故意放水，让许多牛党子弟登科。

这事很快让李德裕、李绅等李党中人察觉，这二人素与元稹友善，现在元稹是皇帝面前的红人，于是他们就请托，让元稹揭发这场舞弊案。

元稹也不含糊，二话不说就把这事捅到了皇帝案前。为了谨慎起见，唐穆宗派人复试，发现这帮人果然没什么才华，这场科考的考官绝对有舞弊嫌疑，于是当即贬黜钱徽、杨汝士。

正是由于元稹这次的多管闲事，让牛党中人记恨起了元稹。

现在经常有人说元稹是李党中人，长庆元年（821）这场科场舞弊案，元稹也不干净，他就是故意在皇帝面前告发考官，目的在于党同伐异，打压牛党成员。

可我之前为何要说，元和末年，元稹与令狐楚关系甚好？

令狐楚正是牛党骨干。

可见，此时的元稹也是个无党派人士，在李党与牛党两派都有好友，所以这次长庆科场舞弊案，元稹与当年在东川一样，全是出于一片公心。

只是，牛党人不会理会这点，他们只看到自己人因你元稹的告密而惨遭贬黜，于是把元稹当成李党人排挤。可以说，元稹起初并

不想蹚党争的浑水，可当时的官场就是这样，你铁面无私，他们就觉得你是故意针对，这下元稹再也难以置身事外。

还有一点，就是长庆科场舞弊案，导致元稹与好友裴度翻脸，还让他险些失去了白居易。

因为这次考试裴度的儿子也参加了，在第一场考试时中了进士，可由于元稹的插手，导致第二次科考裴度的儿子黜落。虽说后来唐穆宗念裴度平藩有功，给了他儿子一个功名，可裴度还是咽不下这口气，把账算到了元稹的头上。

没过多久，裴度就上疏弹劾，指责元稹与宦官勾结，污染朝政，为清流所不容，而牛党中人李逢吉则推波助澜，在暗地里煽风点火，挑拨元稹与裴度之间的关系，还造谣说元稹曾暗地派人刺杀裴度。

可以说，这二人的矛盾全靠李逢吉从中挑唆，可神奇的是，当时的人居然全都信了。

甚至连白居易也信了，还写信给元稹说，你要真敢为了权力杀裴度，我就跟你绝交。这是这对挚友第一次如此决绝的对峙，让元稹自己都渐渐怀疑对其究竟存着怎样感情的所谓的朋友，或许真的回不去了，他们早就不再是多少年前的稚嫩少年，都早已经被世事变迁磨砺得辨认不出模样。

眼见自己的近人与著名功臣闹得沸沸扬扬、不成体统，皇帝也不好默不作声，于是各打五十大板，两个人全部罢相，放到地方当刺史去，而幕后黑手李逢吉如愿以偿，取代了两个人成为新的宰相。

长庆二年（822），元稹出为同州刺史，皇帝也知道他冤枉，可没办法，必须给天下人一个交代，所以元稹在撞得头破血流，摔得满身狼狈后，也只能再爬起来继续走着，心底血肉模糊，脸上却还要挂着微笑。

这里着重“表扬”下李逢吉，这位最擅长的技能就是煽阴风、点鬼火，略施小计就可以让元稹与裴度反目，连元稹与白居易这样的知己之交也能差点拆散。据说韩愈与李绅之间的矛盾也是李逢吉在幕后操纵，我寻思大哥这本事哪儿学的啊……

长庆四年（824），年纪轻轻的唐穆宗突然驾崩。

元稹闻讯后凄然泪下，这个对他有知遇之恩的君主死了，也标志着元稹的仕途在这一刻走到了终点。

大雨终究是安葬了刻薄的岁月，眼角流下的泪，是他至死庇护的天真。

十

唐穆宗死后，年少的唐敬宗即位，新帝将朝政托付给李逢吉，自己每天就快乐地玩耍，两年内酿起了两次政变。

第一次政变，是两个市井小民发动的。

一个叫苏玄明，是个算命先生；一个叫张韶，是个染工。

某天，苏玄明给张韶看面相，一看大惊，“张兄，你这是大富大贵之相，我看你迟早能坐到皇位上喝酒。”

张韶一听这话，居然信了，二人就这么紧锣密鼓地谋起了反。他们在染坊召集了一百多人，趁着皇城戒备松懈，伪装成送染草的混了进去，一进皇宫，这一百多人就大杀特杀，一路直奔皇帝所在的清思殿去。

这天皇帝本来正在清思殿打球，在皇宫发生骚乱后，唐敬宗就被亲信保护着到了神策军那里，张韶、苏玄明等人扑了个空。

可来都来了，张韶一屁股就坐在了殿内的龙椅上，拿起御酒就和苏玄明喝了起来，边喝还边竖起大拇指夸赞："苏兄，你真乃半仙也，算得真准！"

然后朝廷的神策军就反杀了回来，把张韶、苏玄明等人全给砍了，政变就这么平息了，这应该是历史上最令我感到茫然的政变了。

第一次幸运，第二次就不行了。宝历二年（826），宦官刘克明、击球军将苏佐明发动政变，害死了唐敬宗，在宦官的一通内斗后，最终决定拥立唐文宗李昂为皇帝。

至此，短短不到数年的大唐连换了三任皇帝，每换一次，牛李两党就攻守易势一次，以致朝堂政局动荡不安。

十一

大和三年（829），在外漂泊数年的元稹，再度回朝，担任尚书左丞。

那时候的他已然年迈，老是会闪着腰，可好像大唐也不甘愿他消失似的，在任期间元稹还是不改当年的脾气，整肃吏治，有次更是一天将七名受舆论指责的官员连谪出京。

元稹给国家的爱就犹如极昼，如果不跋涉到地球的南北两端根本看不见，然而就算是走到北极，能拥有的也仅仅只是不到一百九十一天彻夜无休的日光，这些透支的日光将在漫长的冬季里由极夜来偿还。

李宗闵上台，牛党得势，大和四年（830），元稹再度被贬谪，出为检校户部尚书，兼鄂州刺史、御史大夫、武昌军节度使。

大概就在这次，他忽然预感到了什么。那日他终于见到了心心念念的白居易，白居易哭丧着脸，对他说："年纪越大越伤悲，我比你年长，没准儿会比你早去的。"

莫怪独吟秋思苦，比君校近二毛年。

——白居易《秋雨中赠元九》

元稹回复："不要悲观，比我大几岁又怎样，兴许我还死在你前头呢。"

劝君休作悲秋赋，白发如星也任垂。
毕竟百年同是梦，长年何异少何为。

——元稹《酬乐天秋兴见赠，本句云：莫怪独吟秋兴苦，比君校近二毛年》

不承想，一语成谶。

大和五年（831），元稹暴亡于武昌，享年五十三岁。

十二

元稹死后一千多年，随意在网上一搜索，映入眼帘就是一句句的"渣男"。

可正如我所言，元稹一生妻两位、妾一位，且时间不重叠，在三妻四妾实属平常的唐代，这样的婚姻状况已然合规合矩，纵然放

在今日也无可挑剔。

关于元稹风流成性，还有一事。

元稹在出使东川之时，婚内出轨薛涛，之后还和刘采春不清不楚，可见其人风流成性，到处拈花惹草。

这一说法出自晚唐的《云溪友议》，这是一本小说，连野史都算不上，其中记载关于元稹的种种荒诞不经。当年牛党掌控朝政，参与编修《唐穆宗实录》，他们在其中夹带私货，编造了不少关于元稹的黑料，这才让元稹声名大坏，后人不查清楚，还信口雌黄、人云亦云，又如何对得起这个曾经为民做主的清官？

我记忆中的元稹，一直在抗拒着向这世俗妥协，一直想坚持做自己，一直说要走自己的路，可他却忘了，没人能否定现实的黑暗，也无法永远带着棱角闯荡。他始终不想遵守那些游戏规则，因为他还向往与渴望那些光明。

这不是自欺欺人，他比任何人都清楚这个世界有多么不完美，但他还是选择带着希望活下去，相信付出就会有回报，只要付出就能以真心换真心。

元稹他就在这冷到刺骨的现实中，给出了那一点点的不现实。

尽管现实不会如他那样的傻，却没来由地让人感觉到无比温暖。

第八章 一个浪漫主义者的选择

令狐绹颤巍巍地伸出手，蹒跚着向前迈开步伐，他多希望能回到满是阳光的那日，年少的自己与那人跟着父亲，尽情地在洛阳郊外纵马疾驰，仿佛永远也不会有尽头。

一

李商隐对父亲李嗣的记忆，停留在十岁之前。

按古人惯例，名是出生时取，字则在行冠礼时取，但李商隐不同，他的父亲早早为他准备好了名和表字：商隐，字义山。

商隐，有人说取自汉初的四位隐士，即“商山四皓”；还把义山解释成“行义出山”，认为他父亲既期望他能如隐者那般高雅淡泊，又能替天行道、仗义济世。

也有人认为他的名字应出自《史记》中的“义不食周粟，隐于首阳山”。“商隐”指的是伯夷、叔齐这两位不食周粟的“商末隐者”；“义山”则是把《史记》中的这段话取首尾两字，也就是说，他的父亲希望他可以如伯夷、叔齐那般，遵从自己内心的意愿去活这一生。

李嗣老来得子，手把手地教李商隐读书写字，他给孩子留下这样一个名字，在冥冥中暗示了某种宿命后，便在李商隐不到十岁时溘然长逝，幼小的李商隐从此失去了他的父亲。

李家生计困顿，为了补贴家用，年仅十岁的李商隐靠给别人抄经书、卖稻米来维持生计。他在黑暗中独自度过了他的童年，却仍然散发着光芒来到世人面前，他就这样在寥寂中默默长大。

青年时期的李商隐真如其名那般，去了王屋山，当了一个小道士。

当时他住在东峰，另有一行人住在西峰，西峰的贵人是位公

主，排场甚大，出行时仆从如云。

在这些仆从里，有个小道姑，个子不高、小巧可爱，脑袋上扎了个发髻，袖子长长的盖过手背，有种说不出的娇憨气质。每当公主趾高气扬地出行，从他们这些修道之人身边经过时，小道姑都会悄悄地给他们行个礼，示意刚才的无礼真不好意思。

也不知谁素描了年少的时节，所以他看不清光的颜色还有花的漂亮，只能看见那个清丽的小道姑，于是在李商隐的有心留意下，终于得知她的名字——宋华阳。

同住在王屋山的小道士与小道姑，一来二去，他们慢慢相熟，李商隐的心中从此装下了一个道姑朋友。

有次他们在树下躲雨，宋华阳看到树叶阴影在李商隐脸上打出斑驳的层次，渐变色的更替让他的表情被掩盖，他忽然转过来的眼睛就好像在黑暗中燃放的明灯。

他眸眼低垂，转身带走半个夏季的雨水，阳光在他的身上突然醒来，开花结果。

这段恋情，就这般毫无征兆地发生了。

当天夜晚，宋华阳躺在床上，捧着热乎乎的脸蛋，怎么也压不住心头的悸动。

她起身一笔一画地在纸上写字，等回过神来，纸上却已写下了他的名字：李商隐。

她红了脸颊，心想：那个人说，他喜欢我；我想，我也应该是喜欢他的。

他们只有一峰之隔，时常偷偷聚会，宋华阳把自己的朋友介绍给他认识。他容颜俊美、文采斐然，没过多久，就同公主的侍女们成了好友。

他们常常一同游玩、赏月，侍女们闲着没事就催促他作诗，每当他吟诵完毕，总会在一片喝彩声中，下意识地看向宋华阳满含崇拜的双眼。

他的心就好似不成调的拍子，跳一下，停一下。

可宋华阳是公主的侍女，他们身份有阻碍，大多数的时间，虽一山之隔，也难以相见，就算得见，若有旁人在场，也只能相顾无言。

但相恋的人大抵心跳都处在相同的频率。偶尔的筵席，众人都在猜枚嬉戏、行酒划拳，一片喧嚣热闹中，他看向她，只一个眼神，便是无言的心意相通。

昨夜星辰昨夜风，画楼西畔桂堂东。
身无彩凤双飞翼，心有灵犀一点通。
隔座送钩春酒暖，分曹射覆蜡灯红。
嗟余听鼓应官去，走马兰台类转蓬。

——李商隐《无题二首·其一》

但像这样的机会实在太少了，他总是长夜不寐，望着对面夜色下更显遥远的西峰，他想：如果能有青鸟一样的使者可以代替我，为我去看望我的她，那该多好。

相见时难别亦难，东风无力百花残。
春蚕到死丝方尽，蜡炬成灰泪始干。
晓镜但愁云鬓改，夜吟应觉月光寒。
蓬山此去无多路，青鸟殷勤为探看。

——李商隐《无题》

初恋在地下隐秘而甜蜜地生长着，可世俗的约束，注定要在他们中间砸开一道巨大的鸿沟。

两年的岁月如梭滑过，宋华阳有天晓晨整理妆容时，看到自己憔悴的容颜，忽然就意识到：她不可能永远都这样与他在一起。

人一旦面临选择，总会觉得迷茫，陷入两难的地步。他们可能也想过未来怎么生活，但这种问题是没有思绪的，就只能一点一点地在心中化作巨大的遗憾，再渐渐膨胀，等待答案揭晓的那一刻彻底破碎。

随着宋华阳怀孕的消息传出，他们之间的私情，终于让公主发现。

李商隐不敢反抗，与公主叫板的下场，将是前途尽毁，于是他被赶下山去，而宋华阳也不知所终。

大和三年（829），洛阳的雨下得好大，李商隐与好友令狐绹走在街上，一辆华盖马车匆匆而过。帘子轻掀，姑娘的侧颜微露，落入他的眼里，他当场呆立，看向愈行愈远的马车，眸子深邃而悠长。

令狐绹问：“你看什么呢，那姑娘你认识？”

李商隐说：“那是我的一个道姑朋友。”

谁家喜宴重逢，他意识到曾经那个心心念念的人，已然嫁作他人妇，他再也没有了接近她的理由。

闻道阊门萼绿华，昔年相望抵天涯。

岂知一夜秦楼客，偷看吴王苑内花。

——李商隐《无题二首·其二》

如今，你就在我的眼前，可我们之间的距离却是从未有过地遥远。

他开始后悔，假如当初自己没有那么怯懦，而是不管不顾地带着她一起远走高飞，结果会不会不一样？

后来他连确切的时间也不记得了，只记得多少年前王屋山的万里晴空下，衬着回忆中少女的眉目清秀，让整个世界都变得寂静。

二

一个男孩，最感无力的事，莫过于在最没有能力的年纪，遇到了想要照顾一生的女孩。

或许是由于他没有准备，就想去拥抱爱情，这才会失去心爱的人，于是只能自欺欺人要放下要忘记要重新开始，每次都努力微笑，对着自己说很强大，似乎就真的可以很强大。

其实李商隐的感情如同一些活着的细小生命，它们显得那么小心翼翼而又无处不在。他的诗句像一道生生不息的泉水，流向她的生命，润泽而绵密。

他把那份凄楚哀怨写进了行文里，让他在东都的权贵中声名鹊起，其中就包括时任东都留守的令狐楚。

令狐楚对李商隐的文章爱不释手，便将他带在身边，在李商隐尚无功名的情况下，聘他入幕为巡官，逢名士就给他介绍，拓宽他的人脉。据说当时有人诋毁李商隐，令狐楚听闻后勃然大怒，要问罪造谣者。难怪有人说，令狐楚对李商隐好得有点过分，这是把他当儿子养的。

依我看，令狐楚恐怕对他儿子都没对李商隐那么好。他的公子令狐绹不学无术，他知晓自己这个班令狐绹接不了。正愁眉苦脸的时候，偶然发现了李商隐，他怎么看怎么顺眼，一度觉得这不就是年轻时的自己？

令狐楚让李商隐住在自己家，与自己的儿子同吃同住，还手把手教他们撰写朝廷公文。

令狐绹生性懒散，李商隐就默默纵容着他的任性；令狐绹嫌麻烦，李商隐就推着他走。他们二人虽脾气秉性相悖，却情同手足，这一切令狐楚都看在眼里，更坚信自己没有看错人。

李商隐考运不佳，连考数次，次次落榜，这倒不是因为他没才华，而是晚唐阶级固化，进士考试已经不再如刘禹锡、白居易他们那个时候纯拼才华，更得拼背景。不过连连的失利，也让李商隐感到心情沮丧，心想还不如回嵩阳修道算了。

自有仙才自不知，十年长梦采华芝。
秋风动地黄云暮，归去嵩阳寻旧师。

——李商隐《东还》

令狐楚仍然没有放弃他，鼓励他继续去考。

那几年，李商隐为宋华阳写过不少诗句。有次他的堂兄在城郊散步，偶然吟诵了弟弟的句子，不承想惊动了邻院里的一个少女。

少女出来，急匆匆地问："这是谁的故事？谁写的诗？"

这少女，叫柳枝，商贾的女儿。

她打小就喜欢诗歌，被这首诗里曲折又朦胧的爱情故事打动，以至于连女子的矜持也置之脑后，跑出来急急发问。

堂兄倒也憨实，介绍说："这是我堂弟李商隐的作品。"

柳枝听罢，竟当即扯断自己罗裙的带子，恳求堂兄带给李商隐，让他能在上面题诗，就这般成了李商隐的小迷妹。

一日，李商隐打马经过，正逢柳枝出来游玩，柳枝看到他，一脸激动，走上前去，说："您就是写《燕台诗》的人吗？"

他怔愣一瞬，露出柔和的笑容，"您就是那个让我题诗的姑娘吧。"

柳枝不好意思地笑了笑，发出邀约，说："三天后，在我平时洗衣的溪水边，希望能见到您。"

她顿了顿，红着脸说："我定将焚香候君。"说完，撒开脚丫子，逃之夭夭。

李商隐本想赴约，可与他同行长安的令狐绹当日决定提前出发，李商隐有要事在身，不得不去追赶他，只好托堂兄去和柳枝道歉，说自己失约，他日定当补偿。

他想，自己当年就是在最没能力的年纪，遇到了想要守护一生的爱情，结果反而害了宋华阳。

这一次，他想等到自己金榜题名，有了能力以后，再来给柳枝一个圆满的爱情，这是对自己的要求，也是对柳枝的负责任。

可是，有些姻缘，一旦错过，那就是真的错过了。

当年隆冬，堂兄也来到长安。

李商隐第一件事就是问柳枝，堂兄却告诉他："你走后不久，柳枝就被一个将军娶走了。"

李商隐呆滞许久，这才无可奈何地叹了口气，本是段美好姻缘，不承想阴差阳错，还是错失了。

次年，他与堂兄再次来到洛阳，途经长亭，只见杨柳依依，他又想起当日那个红着脸让自己题诗、大胆邀约自己的少女，一时间，他的心中五味杂陈。

他忽而想起，当日那个女孩扯下罗带，乞他写诗的事，不由得下马，走到柳枝旧居的院墙边，沉吟片刻，提笔写上：

柳枝井上蟠，莲叶浦中干。
锦鳞与绣羽，水陆有伤残。

——李商隐《柳枝五首·其四》

或许吧，他与柳枝，就如同柳条，还有莲叶。

抑或飞鸟，还有鱼儿。

总是水陆相隔、各自凋残。

三

开成二年（837），李商隐登进士第。

这一年的考官，是令狐绹的好友。在科考前，令狐绹给考官反复强调李商隐的名字，考官自然心领神会，李商隐成功进士及第。

李商隐心知肚明，自己能考中进士，全赖恩师令狐楚的暗中相助，所以在榜上有名后，他便给令狐楚写去书信：某侥幸成名，不任感激，某材非秀异，文谢清华，幸忝科名，皆由奖饰。

可得到的回信，却是令狐楚突染重病，卧床不起，恐怕时日无多了。

李商隐马不停蹄地奔赴山南，见到了时任山南西道节度使的令狐楚。面前的这个男人也曾是绝代风华的美男子，而此时他更像一个呆滞的木偶，衰老的脸显得无力和悲哀。

他叮嘱了李商隐几句，还把令狐绹也叫到身边，说自己死后，他们二人要互相扶持，要护着彼此，说完就永远地闭上了眼睛。

在令狐楚生前的嘱咐下，他的墓志铭由李商隐执笔，这也是他用自己的生命最后一次替李商隐扬名。

我想他是带着安乐离开的，把生命灌注到李商隐的身上，他觉得很值得。

李商隐自幼丧父，如今已然在不知不觉中把令狐楚当成自己的父亲，记得当年他参加科考，令狐楚托人千里迢迢给他寄来钱财，信里不忘念叨，要他别顾着省钱，买件体面的衣袍穿上。

他以家人的身份送令狐楚的棺椁回朝，往后余生，长路漫漫，他终于开始懂得面对恩师的坟冢摆出笑的弧度，也懂得泪流满面地承受这位父亲给予的责任。

可任谁也没想到，就在令狐楚去世后不久，因为一段婚姻，李商隐成了整个令狐家族的公敌。

四

命运曾给过李商隐两次选择爱情的机会，一次太早，一次太迟。

太早，是因为他年轻，什么都没准备好，就迫不及待地想要去拥有爱情，于是他错过了宋华阳。

太迟，是觉得等自己准备好一切后，爱情还会回来，可没想到，他与柳枝，一转身就是一辈子。

以前听人说，追寻爱情的道路上，你不要走太慢，花会凋谢；也不要走太快，那样，花还没有开。而对于李商隐来说，直到这第三次，才赶得不早不晚，花正盛放。

那一年，他与好友韩瞻在长安城游玩，韩瞻与他是同年进士，这次出游，韩瞻带上了他老婆，还有小姨子。

这个小姨子，就是王晏媄。

她是泾原节度使王茂元的女儿，可作为将门虎女却没有半分粗鲁气，反而青涩娇羞、文静恬淡。他们几人一起交谈，王晏媄就静坐一边，不言不语。

韩瞻与李商隐都是文人墨客，少不了斗诗切磋，李商隐的诗句典故层出，韩瞻接不住他的梗，甚至连诗的意思都对不上来，只能甘拜下风。就在此刻，王晏媄突然一反常态，取笑李商隐的典故分明用错了，这场比斗，赢的人该是她的姐夫韩瞻才对。

李商隐诧异地看了他一眼，他写诗隐晦要自认第二就没人敢认第一，今天还是初次见到，竟有女子一言便可以解开他诗句的奥秘？

王晏媄见他看过来，脸蛋一红，连忙低下头，再也不敢抬眼。

其实王小姑娘不知道，就在那一刻，她已经闯入李商隐的世界里了。

李商隐托韩瞻去和王茂元说亲，如愿以偿地娶了王晏媄为妻。大婚当日，他揭开盖头，下面是张气鼓鼓的脸，在瞪他。

她说："你什么时候打我主意的？"

"你猜。"

她问："我笑话你典故用错的那一刻？"

他说："是你脸红的那一刻。"

五

自中唐以来，牛李党争愈演愈烈，朝野官员党同伐异、永无休止。

令狐楚属于牛党，李商隐是被令狐楚提拔上来的，所以当时朝野的官员们下意识地把李商隐也当成了牛党。

可他娶王晏媄这个操作委实让大伙看不懂了，因为王晏媄的父亲王茂元属于李党。

恩师是牛党，岳父却是李党，在众人眼中，李商隐这相当于是在牛李两党间反复横跳，活脱脱一个两面派。

李商隐少年在洛时，和白居易交好，白居易还开玩笑说下辈子要给李商隐当儿子，也不知道他这个“骑墙”的做法是不是和白居易学的。

因为白居易就是个典型的“骑墙”派，能在党争频频的局面下独善其身，可问题是白居易在牛李党争兴起前就已经名满天下，所以作为老资格，人家有这个资本特立独行。两党即便知道白居易在刻意保持中立，还是会争相讨好，因为他们生怕这位爷一个不高兴就倒向了敌方阵营。

可李商隐只不过是个初出茅庐的年轻人，也学白居易当两面人，这只会让牛党认为，你恩师刚刚去世，你就娶了他政敌的女儿，这叫什么操行？连令狐绹都因这件事，与李商隐产生了隔阂。而李党这边也觉得，这人首鼠两端、心术不正，最好不要深交。

按流程来说，李商隐考完进士，还得去考“博学宏词”科，本来他已经过了，可当他的名字提交到中书省审核时，被一位“中书长者”看到，立刻表示此人不堪，挥笔将之除名。

开成四年（839），李商隐又通过了吏部的拔萃科，这下中书省的人明面上也不好说什么，就和当年的白居易一样，他被授为秘书省的校书郎，可不久就被选调到弘农当县尉，从清职转为俗吏。可见，这时候的李商隐在官场上被刻意针对到了何等地步。

在弘农尉的任上，李商隐因为帮死囚减免罪行，受到了上司孙简的责难，而这个孙简是牛党成员，与令狐家交好，可知这时牛党中人视李商隐为叛徒，故而动辄百般打压。在这样昏暗的官场上，什么坚持和反抗都是徒劳，他终于清晰地了解到了头撞南墙的挫败感。

会昌二年（842），李商隐跑去考吏部的书判拔萃科，成功考回了秘书省，担任秘书省正字，可没过多久，他的母亲与岳父相继去世，李商隐必须回乡丁忧，等到丁忧期满，已然到了会昌五年（845）。

就在不久之后，唐武宗驾崩，唐宣宗登基，晚唐朝野即将发生一场惊天剧变。

开成五年（840），唐文宗李昂驾崩，他的弟弟李炎（原名李瀍）在仇士良等宦官的拥立下继位，即唐武宗。

这位新皇雄心壮志，他上位改革的第一个目标，恰恰是拥戴自己为皇帝的宦官头子仇士良。

当年，唐文宗引诱仇士良去看祥瑞，想趁机把宦官们一网打尽，结果被仇士良察觉，反而引起了“宦官集团”的血腥报复。

唐武宗的做法，是先提拔李党领袖李德裕入朝，让他与仇士良斗法，自己则坐山观虎斗，在暗地里给李德裕拉偏架，在明面上始终对仇士良和颜悦色，让仇士良发作都找不到借口。这位宦官头子也是见过大风大浪的，于是急流勇退、辞职回乡。等到仇士良在家中一死，唐武宗就立刻下令清算仇士良，一举粉碎了“宦官集团”。

唐武宗还下决心革弊科举，严格把控新人官员的质量，李商隐在大和年间考进士，考一次挂一次，最后还是令狐绹帮他打了招呼，这才得以进士及第。可到了会昌年间，他连考三次，除了第一次明明过了却被恶意斥落外，其他两次都顺利上岸，这绝不是偶然。

当时晚唐各地藩镇割据，个个都想效仿河朔三镇。会昌三年（843），昭义节度使刘稹发动叛乱，唐武宗力排众议，召集八镇兵力围剿刘稹，如李商隐的岳父王茂元，他就是病死在讨伐刘稹的战场上。最终朝廷成功平灭昭义军，将刘稹传首京师，同时处置卢龙镇，平定河东诸镇。会昌年间，各路藩镇成功被唐武宗收纳到了朝廷麾下，就连河朔三镇也老老实实，不敢造次。

唐武宗不但平定了藩镇，还在即位之初，大破北方的回鹘汗国，逼迫新兴的黠戛斯称臣，同时重新掌控了东北的奚与契丹。而且他办成了韩愈没有办成的事，那就是大力灭佛，强迫许多僧尼还俗种地，让寺庙把侵占的土地都吐出来，极大充实了朝廷的财政。他打算用这些钱组建一支军队去收复沦陷长达近百年的西域，只是因为突然驾崩才未能付诸实践，而历史学家更是将这一时期称为“会昌中兴”。

而帮助唐武宗取得这些成就的人，正是李党领袖李德裕。

在家丁忧的李商隐将这些都看在眼里，虽然他是牛党出身，但客观上的政绩骗不了人。虽说李德裕也结党营私、排斥异己，比如在平定刘稹的时候就搂草打兔子，夹带私货地把一些牛党中人也污为刘稹党羽给收拾了，但至少李党是真的干了实事。

以往历史学家把李商隐视为政治小白，在两党间举棋不定，可在我看来，李商隐全然就是心在李党，不是因为他娶了王茂元的女儿，而是他对李党的执政风格发自内心地认同。至于他身上的那些牛党痕迹，纯属未入仕前受过令狐楚的恩惠，但这个又不是他可以选的，所以李商隐的一生中虽然并没有在牛李两党间做出明确选择，但他在思想上早就投了李党的票。

想明白这一点，你也就可以理解李商隐之后的某个做法了。

会昌六年（846），唐武宗李炎突然驾崩，唐宣宗李忱上位。

唐宣宗是唐宪宗的儿子，算起辈分来，他还是唐武宗的叔叔，也是被宦官拥立的，这个继位的合法性就很弱，所以他要做的就是完全否定掉唐武宗时期的政策举措，来给自己增添合法性。

风水轮流转，牛党时来运转，纷纷荣任要职，李德裕则被贬死在了崖州。李党成员纷纷落马，其中不乏在会昌年间为大唐中兴出过力的忠臣。

比如，李德裕的左膀右臂——郑亚。

唐宣宗上台，郑亚出为桂管观察使。能贬到这么远，谁都知道郑亚马上要倒霉了，可偏偏就在这个节骨眼儿，李商隐居然接受了郑亚的邀请，进入郑亚的幕府担任幕僚。

很多人不理解，李商隐这到底是怎么想的？你说他攀附权贵吧，可在李党如日中天的时候他不攀附，而现在明眼人一看，就知道郑亚要大祸临头，李商隐偏偏这个时候投奔郑亚，这究竟是为何？

其实，答案就在李商隐的名字里。

当年武王伐纣，商朝大势已去，天下尽归西周，可伯夷、叔齐这两位殷商遗臣拒绝了周武王的高官厚禄，结伴归隐山林，宁可整日采薇而食，也绝不吃周人的一粒粮食，最终活活饿死在首阳山。

当初李商隐的父亲给他取这个名字，就是希望他可以摈弃世俗，遵从自己内心的意愿去活这一生。而李商隐的意愿，就是支持李党的治国方针，他坚信只有李党才可以挽救大唐，所以即便如今李党失势已成定局，他还是义无反顾地加入郑亚的幕府，一如商周交替的伯夷、叔齐那般。

每个人都有内心坚持的东西，比如自由，比如那份自以为是的骄傲，可他的坚持，终于彻底激怒了一个人。

那便是他曾经的好友，令狐绹。

七

如果说，之前李商隐娶王晏媄还可以用“因为爱情”来解释，令狐绹心里不舒服，至少还能理解。毕竟，李商隐从没有受到过王茂元的任何襄助。但这次他公然进入郑亚幕府，这个行为的政治色彩太重，怎么也洗不白了。

令狐绹在书信中破口大骂，说李商隐“忘家恩”，辜负了父亲对他的栽培之恩，得势的牛党中人更认为李商隐其人“诡薄无行”，所以在现存史料中，无一例外都会有一两句指责李商隐人品的评语。

这大概就是“做自己”的代价。

李商隐入幕一年，他的府主郑亚再度受到牛党迫害，被贬到循州，幕府自动解散，李商隐只好北返长安。

大中三年（849）的重阳节，李商隐去见令狐绹。这些年来令狐绹受到皇帝重用，不日就要提拔为宰相，是当下朝廷内炙手可热的人物。

他曾给令狐绹写过很多自辩的书信，但令狐绹都没有回复，如今登门拜访，只是想把当年的话说开。不巧令狐绹有事出门，管家心高气傲，毕竟这些年京城的达官贵人多少都想拜访自家主人，面前这个人身影落魄，一看就是攀亲戚的，三言两语就要撵李商隐走。

李商隐无可奈何，只好给这位旧友留下了几行字，便头也不回地离去。

曾共山翁把酒时，霜天白菊绕阶墀。
十年泉下无消息，九日樽前有所思。
不学汉臣栽苜蓿，空教楚客咏江蓠。
郎君官贵施行马，东阁无因再得窥。

——李商隐《九日》

李商隐也是到了后来才听说，令狐绹那日归来，看到这几行诗后，大发雷霆，砸了房间里的许多东西。令狐府的下人个个都遭了殃，尤其是那位接待李商隐的管家，被令狐绹骂得狗血淋头，没人知道他为何会如此生气。

令狐绹还下令，从此以后，题过诗的客厅再也不对外开放，不准任何人进来。当时有人咂舌，说这题诗的人，肯定与令狐学士有深仇大恨，奇怪的是……那面墙上的诗句，令狐绹时常驻足观看，每次看完都勃然色变，可就是怎么也不肯去将它擦拭掉。

而对这时的李商隐来说，如今朝堂上牛党当道，他已不见容于君，像是双手被紧紧捆绑住，挣扎只是无谓的反抗。

善良的人永远是受苦的，那忧苦的重担似乎是与生俱来的，因此只能忍耐。不过一个有血气的人，既不曲意求人重视，也不怕被人忽视。

于是，大中年间的李商隐选择了四处流浪，开始了他辗转各地幕府的游历生涯。

八

回忆是世界上最残忍的镜面，它能让人看见最狼狈不堪的自己。

李商隐常年供职于藩镇幕府，与妻子聚少离多，只能用书信互通消息。

妻子偶尔在信中会说起一些所闻所见，有一天，家中庭院的荷花开了，她写信告诉他。他思量再三，回赠了一首诗。

世间花叶不相伦，花入金盆叶作尘。
唯有绿荷红菡萏，卷舒开合任天真。
此花此叶长相映，翠减红衰愁杀人。

——李商隐《赠荷花》

他感叹：世人只知爱花，却不理睬绿叶；只有荷花，从不偏废，是红花配绿叶，就如你我这般。

只怕有朝一日，花的色泽凋零、绿叶青翠不再，岂不是要愁死个人了？

写到这里，他不禁眼睛发酸，却还想着，再干上几年吧，如果还不行，干脆就退休，与妻子老老实实颐养天年吧。

这是他最后的奢望。

可天不遂人愿，连这点奢望也要让他错失。

大中五年（851），他的妻子王晏媄病亡。李商隐得到消息的那刻，感觉有什么东西轰然坍塌，在他的世界里崩裂破碎。那种近在咫尺却失去的感觉，让人怎么说得出来。

他匆匆赶回家，可也未能见到妻子最后一面。这是他人生中第三次错失，也是最为心痛的错失。

他委屈地吸着鼻子，躲在万劫不复的大雨里，因为经历过孤寂，所以才更明白有多痛，也因此才更容易哭泣。

李商隐一生为挚友而哭，为师长而哭，为爱人而哭，却从未为自己而哭。

他最爱以及最爱他的人再也回不来了，他所憧憬的未来在这一刻全部坍塌。也许最悲哀的就是这样，想为她永远流泪却发现眼睛干涸发涩，被刺痛后迅速麻木，像是浑身力气全被抽光一般。

我们都知道，古代是男权社会，女性大多不会留有姓名，都以某氏称之，但李商隐一生中的三个女人，却都无一例外地留下了她们的名字。我想，这是李商隐在用他的诗句，为后世留存下那些朦胧而又不可言说的爱情。

就像时光一字一顿敲下的一样，就像那些矫情却真切的字句一样。

九

有人说，李商隐娶王氏，是贪图王家的势力，像他这样的风流公子，怎么可能会有专一的爱情？

大中五年（851），李商隐丧偶后不久，去投奔剑南东川节度使柳仲郢。

柳仲郢爱惜他的才华，又看他孤身一人，有意把歌伎张懿仙送给他，美其名曰照顾其起居。

李商隐拒绝道："虽有涉于篇什，实不接于风流。"

曾经每段感情我都是认真的，可是走完这一生太难了，我这样的人是注定要孤独终老的，不该再拖累谁。

或许他原先觉得心里有一个人可以想，总比没有好，后来麻木了，认为孤独也是可以的，没有什么大不了，比起痛得快死了，也许没有牵挂更好。

他余生的爱，只属于王晏媄一个人。

他说："直道相思了无益，未妨惆怅是清狂。"

我以前解这句诗，只从文句表面看，以为李商隐洒脱。懂得文义后才知道，这句话的意思是：虽然我深知相思无益于健康，可我还是想为你而痴情到底，哪怕落得个终身清狂！

十

大中十二年（858），李商隐病逝于郑州。

据说，他的绝笔，就是那首脍炙人口的《锦瑟》。

锦瑟无端五十弦，一弦一柱思华年。
庄生晓梦迷蝴蝶，望帝春心托杜鹃。
沧海月明珠有泪，蓝田日暖玉生烟。
此情可待成追忆，只是当时已惘然。

一千多年来，始终都没人能解开一个谜题——这首诗到底写了什么？

有人说是情诗，是写给诗人曾经的初恋；也有人说是悼亡诗，写给他去世的妻子；更有人说，这就是一首普通的抒情诗而已。

梁启超先生说：“义山的《锦瑟》等诗，讲的什么事，我理会不着。拆开来一句一句叫我解释，我连文义也解不出来。但我觉得他美，读起来令我精神上得一种新鲜的愉快。”

一句话总结，就是这首诗里，明明我每个字都认识，可联系在一起，我就不明白了。

那么，这首诗理解起来，为什么这么难？

有个原因，就是李商隐写诗时，酷爱用典，而他诗句里的典故，又往往与原典含义大相径庭，于是很多人只能硬着头皮去猜测。

可问题是，他写诗连个题目都懒得取，经常都是无题，连个线索也不给人留，故而他的诗被后人称为朦胧诗。这首《锦瑟》，更是朦胧中的朦胧，反正谁也看不懂。

但是，在我看来，这首《锦瑟》，李商隐还是给我们留下了解开诗句奥秘的钥匙。

就是最后一句：此情可待成追忆，只是当时已惘然。

看到这句话，你想起了什么？

至少我想起的是《大话西游》里，至尊宝带上紧箍咒时，说出口的那句话："曾经有一份真诚的爱情放在我面前，我没有珍惜。等我失去的时候才追悔莫及，人世间最痛苦的事莫过于此。"

现在，你是否能稍稍体会到，李商隐在临终之时，到底想说什么了吗？

我能理解，至尊宝最后一刻为何要说这句话，因为他和紫霞在一起时，想的是白晶晶，直到失去了紫霞之后，这才察觉到自己的心意。

他不是没拥有过美好，只是拥有美好的时候，他没有意识到，直到失去之后才追悔莫及。

李商隐也是这样，他的一生都在不断地错失。

和宋华阳谈恋爱时，他想的是前途，没有能力，也不敢去反抗，等到下定决心以后，宋华阳已嫁作他人妇。

在和柳枝邂逅的时候，他想的是宋华阳，于是不敢去拥抱爱情，等到万事俱备以后，柳枝却已经被权贵抢走。

和妻子王晏媄在一起的时候，他想的是功名利禄，辗转各地为官，二人聚少离多，可时间永远不等人，等他开始思念她的那一刻，妻子王晏媄却已经病逝。

这场荒谬的人生游戏好像在不断重复，一个个消失在他眼前的身影在脑海中反复回放，带给他经久不息的绝望。他总是差了那么一步，总是不得圆满，以至于一次又一次，酿成了无法言说的遗憾。

所以，我想他真心想说的话，是倘若上天再给他一次机会，那么他一定不会错失，他一定会用一种真实的方式，度过在指缝之间如水一样无法停止的时间。

回望千年之远的距离，我从模糊的阴影里辨出那个眉目依稀的少年，他长发、蓝衣、垂眼，静默地等待着。那么孤单的姿态，还是一个小小的一握就碎的倒影，却固执地守候。那些出自他笔下的诗句总是特别朦胧，朦胧到骨子里，浸渍了他的思念，渐远了哀愁，也让他迷茫于前方的路。

可时光又能冲散几分缱绻，只要握住苍茫，禁锢空间，当他的眼神再看向天空，浮云在天边相聚，那时候，他一定能与那些错失的人们，一起飞越天荒地老的距离。

十一

大中四年（850），令狐绹登堂拜相，执天下牛耳。

那天他志得意满地回到府中，可无意间又看到那间尘封客厅中所提的诗句，他的心又一次跌落谷底，想起曾经那人背叛自己的瞬间，就是杀了他也不会解气。

后来他得知那人的妻子故去，那人又辗转各地，过得苦不堪言，他嘴角露出轻蔑的冷笑，暗骂了好几句活该。可当看到那人给自己寄来的信时，心头却又五味杂陈，想着那人以前明明都是叫我

“子直”的，为什么现在的措辞都是“令狐郎中”“令狐学士”，什么时候我们这么疏远了？

都说衣不如新，人不如故。可到底是新人不如故人，还是故人已非故时人？

他长呼了口气，吩咐下人，打个招呼，就给那个人一个国子博士做做吧，没实权，但起码够他俸禄了，饿不死。我才没原谅你呢，这是看在我老爹的分上，不然你要是因穷困而死了，到九泉之下跟我爹告状怎么办？

后来那人也给他写过感谢信，但令狐绹收到以后便随手扔在一边，从来不回复，板着脸一副高冷的样子。每当夜深无人的时候，他就会起床把那些揉皱的信件小心翼翼地铺开，挑着灯一个字一个字地看。

令狐绹曾梦见那人死了，他没有救，是救不了还是不愿救，忘记了。

直到大中十二年（858），他与同僚把酒言欢，一同僚无意间提了句：“还记得那个背叛你的李商隐吗，他上个月死在郑州了。”

在座的都是牛党，或多或少都知晓李商隐的事，当即一个个都喜笑颜开，向令狐绹作揖，连道恭喜。令狐绹却突然怒不可遏，掀翻了一桌子的美味佳肴，在众人的目瞪口呆中踉踉跄跄地往家的方向跑去。

他发现好像整个世界都被染成了黑白两色，所有人都无法体会自己的痛苦，空气黏稠得凝固一般。蠢蠢欲动的呕吐感在喉咙翻涌，那种从心底爬上的冷延伸到四肢，他好像失去了呼吸，不能思考不能说话，想哭却发不出声音。

终于，他回到了家，如愿以偿地看到了墙上的那几行字，然后

又歇斯底里地把那些曾经揉成一团的书信翻开，他表情落寞地低下头，大颗大颗无助的泪水落地，蜿蜒拼凑出断断续续的不舍，任悲伤肆虐蔓延。

曾经多少个瞬间他都有杀了那人的冲动，可那人现在死了，他却一点也不开心，完全没有想象中的欣喜与快感。

他终究抛弃了横亘在他们之间的成见，在得知那人已永远离开自己后，眼泪终于如决堤之水般无法遏止。也许在泪眼模糊的刹那间，他看到面前出现熟悉而模糊的影像，就好似时光倒流，过往如流水般回潮，一切一切，重新来过。

令狐绹颤巍巍地伸出手，蹒跚着向前迈开步伐。他多希望能回到满是阳光的那日，年少的自己与那人跟着父亲，尽情地在洛阳郊外纵马疾驰，仿佛永远也不会有尽头。

第九章

他与他的十里春风

这个少年，心地善良，笑容阳光。

如果没有这样那样的现实，也许他会是大唐那只最自由的鸟吧，他应该比任何人都渴望翱翔，渴望快乐。

一

前些年，冯唐有句话火出了圈——春风十里，不如你。

其实这话也非冯唐原创，而是改编自杜牧的《赠别二首·其一》。

娉娉袅袅十三余，豆蔻梢头二月初。
春风十里扬州路，卷上珠帘总不如。

这诗，是杜牧赠给一个豆蔻年华的歌伎的，也是他在扬州的老相好。所以那句“春风”代指的是青楼女子，所谓的“不如你”，其实就是说扬州十里长街的青楼佳丽，没一个能及得上你的。

晚唐诸位诗人，要论风流，杜牧数一数二，其他诗人流连花丛，还有个因为所以，比如元稹是市井谣传、并无其事；白居易是爱而不得、自暴自弃；李商隐纯属情诗写太多，被人误会了；唯独他杜牧，他什么都不为，就是他本性风流。

杜牧在晚唐，属于牛党，深得牛党领袖牛僧孺的器重。当年牛僧孺在淮南当节度使，杜牧就在他的幕府担任掌书记，也就是这段时间，杜牧流连秦楼楚馆，风流的诗话渲染了整个烟花扬州，连带着多年之后，那些醉生梦死的经历依旧能让他的思绪跟着飘忽不定、不能忘怀。

青山隐隐水迢迢，秋尽江南草未凋。
二十四桥明月夜，玉人何处教吹箫。

——杜牧《寄扬州韩绰判官》

因为杜牧常年出入风尘之地，风流才子之名响彻江南，牛僧孺怕他惹出祸事，还专门派了几十个卫士乔装打扮，在暗中保护他。连每天晚上杜牧留宿在哪位花魁的闺房内，也会记录得清清楚楚，甚至具体细节也描摹得入木三分。

到了大和九年（835），杜牧离扬，赴京述职，牛僧孺率领幕府成员给他饯行。

临行前，牛僧孺拍了拍杜牧的肩膀，语重心长地说："你这个生活作风问题，还是得注意一下的，别年纪轻轻的，把身体给累垮了。"

杜牧露出义正词严的表情："在下自幼仰慕柳下惠，这些年向来坐怀不乱、守身如玉，座主必然是多虑了。"

牛僧孺顿时眼皮有点抽搐，干脆不装了，摊牌，把当初卫士暗中保护他，给他记录的风流账一五一十地都拿了出来。杜牧看完后，这才不好意思地挠头讪笑。

好像在后人眼里，他就是理所应当该如此没心没肺地快乐，谁知晓他也曾满心遗憾，有过一段可望而不可即的爱。

当年，杜牧与好友沈述师游宴洪州滕王阁，认识了一位歌女，芳龄十三，名叫张好好。

杜牧与沈述师都一眼相中了张好好，当时杜牧无权无势，沈述师则是他府主的弟弟，所以张好好自然而然被后者纳为侍妾，再也不出来表演，杜牧一闪而过的情愫即止于此。

而就在两年后，杜牧在洛阳遇到了已然沦为当垆酒家女的张好好，他为她写下一首诗，这也是杜牧流传于世的唯一书法真迹。

君为豫章姝，十三才有余。
翠茁凤生尾，丹叶莲含跗。
高阁倚天半，章江联碧虚。
此地试君唱，特使华筵铺。
主公顾四座，始讶来踟蹰。
吴娃起引赞，低徊映长裾。

——杜牧《张好好诗》（节选）

当初被沈述师纳为侍妾的张好好，为何沦落到当垆卖酒？既然杜牧又邂逅了张好好，为何不重燃旧情？

这些问题在史籍中没有记载，不过可以推断一下，张好好既然出现在洛阳，可见她与沈述师已然一刀两断。她歌舞双绝，又年方十五，青春正好，却没有从事来钱更快的旧业，而是选择了抛头露面、当垆卖酒，可知她应该又嫁给了其他人，故而杜牧虽再遇旧爱，也只能叹一句造化弄人。

或许杜牧就是这样的一个人，但凡他说爱，那必定就是很爱，绝不比任何人少，尽管出于这样那样的原因不能在一起，但爱不变。

我是很讨厌那种不正经的人的，对杜牧却例外，明明他每次都在哈哈大笑，可我总是觉得他笑得很难过。人们常说表面玩世不恭的人内心都是另一个样子，可能他心里有不为人知的伤，只能用笑脸掩饰，自欺欺人地说难得糊涂。

也许人生会有各种各样的烦恼与遗憾，但是往前走，总能看见曙光。遇到斯人斯事之后才会明白，原来有的人历尽千辛万苦，也不过只为再次触摸那足以铭记一生的爱。

直到多年以后，回首那段十里扬州路，也不过痴痴一叹，说上一句难得荒唐。

落魄江湖载酒行，楚腰纤细掌中轻。

十年一觉扬州梦，赢得青楼薄幸名。

——杜牧《遣怀》

其实人生就是这样，那些笑和眼泪甚至都没有时间说再见，只能藏在心里。

可是杜牧却想让她们看到一个最好的自己，所以即使分开也摆着笑脸。到最后才明白，也许遇到她们的意义，只是为了那句你爱她们。

二

从出生起，杜牧就被一双充满温情的手臂紧紧拥抱。

那双手臂不是父亲的，不是母亲的，而是爷爷的。

他的爷爷是中唐名相杜佑，出身京兆杜氏，与杜甫那种早早就迁徙到十八环外的破落户不同，杜牧这一脉是真正的“城南韦杜，去天尺五”。

对每个治唐史的学者来说，杜牧的作品可以不读，但他的爷爷杜佑的《通典》却是研究唐朝的必读书。杜氏一族没别的存货，就藏书多，别小看这差别，那时候没有图书馆，更没有“知网”，市面上只有一些四书五经等常用书籍可买，像一些孤本典籍往往是个人收藏。所谓“书香世家”，指的既是家庭氛围，更是那些一代代传承下来的藏书。

旧第开朱门，长安城中央。
第中无一物，万卷书满堂。

——杜牧《冬至日寄小侄阿宜诗》（节选）

小的时候，杜佑便亲自指导孙子读书，让他遍观经史子集，为他树立理想。杜佑当年没能做到中兴大唐，他希望自己的孙子可以替自己做到。

我忽然觉得这世界对杜牧太不公平了，因为祖父的希冀，他的人生就被轻易地戴上了枷锁，不由分说，不容抗拒，要为这个负担奔波至尽头。

那时候杜佑喜欢背着小杜牧到处走，像承载着自己生命的传承，却没有想过，终有一天，自己再也背不动他了，他要自己飞了。

其实，杜牧是个喜欢自由的人，只是因为祖父的希望，再也无法去追寻自己的夙愿。

三

大和二年（828），礼部主持的科考在即，太学博士吴武陵给这次的主考官崔郾推荐了一篇文章。

崔郾打眼一阅，“六王毕，四海一，蜀山兀，阿房出”，直直夺了心神，连连赞叹。

吴武陵道：“此人可点为状元？”

崔郾犯难道：“以此人文采，点为状元自无不可，可现在莫说状元，连前四名都被别人内定了。”

吴武陵道：“那干脆给他个第五名吧。”

眼见崔郾还游移不定，吴武陵说：“你要不答应，就把这篇赋还给我，我倒要看看，这次你点的考生能不能写出比这篇还好的作品。”

待吴武陵走远，崔郾愁眉苦脸，有同僚问起，他一五一十地把刚才发生的事说了一遍。

那同僚一拍大腿，道：“这个考生我知道的，文采绝佳，就是生活作风上有点问题，让他当第五名，恐怕会引起非议吧？”

崔郾叹了口气，道：“我既已答应吴老，即使这考生是个屠夫或小贩，第五名也是他的了。”

而这个考生名叫杜牧，字牧之，时年二十六岁。

这个故事很有唐代特色，别说换今天的高考，就是明清时期的科举，考官敢公然讨论这种事，那不是乌纱帽不想要了，是脑袋不想要了。可在唐代这种内定走后门的事已然被时人习以为常，足见科举公平之路在唐代还是任重而道远。

刚刚进入仕途不久，杜牧便跟随江西观察使沈传师去了洪州，担任幕府巡官，之所以到外地的原因就一个——这个沈传师是他的表姑父，可见世家子弟做官是多么快乐。

在洪州，他与沈传师的弟弟沈述师成了好友，二人经常出入各种风月场所，也不知道这俩人到底是谁学了谁。

之所以提起沈述师，倒不是因为他和杜牧都喜欢过张好好，而是沈述师认识李贺。

那时候李贺已经死了，他临死前把自己的书稿都托付给了沈述师，可见李贺生前二人交往不浅。而沈述师也够义气，他将李贺的书稿结集出版以后，又专门让杜牧来给李贺的诗集写序，为那位已经故去的好友扬名。

我在看杜牧的关系网的时候，发现这个人很奇怪，他和唐朝其他诗人好像谁都认识，但又无一例外都交往不深，比如他和李商隐号称“小李杜”，而且从李商隐给他写过诗可知他们绝对是认识的，可你找不到杜牧给李商隐写过什么，完全不了解他们二人之间的交往故事。

就……怎么说呢，感觉哪儿都有你，可有你又跟没有一样，说他一句阴魂不散，着实不冤。

四

每个晚唐士人，一入官场，就要面临一个决定一生的选择。

加入牛党还是李党？

其实，从杜牧的政见来看，他与李商隐一样，都对李党的执政方针称赞有加。李德裕当权的时候，杜牧多次提出建议，几乎都被李德裕采用。可是，杜牧为人放浪形骸、风流倜傥，不被李德裕这样的老古板所喜欢，反倒是挺对牛僧孺胃口的，所以在杜牧的仕途上，牛僧孺对他就和令狐楚对李商隐一般，几乎可以用“宠溺”来形容了。

于是，杜牧和李商隐面临了同一个境遇下的选择。

他们都赞同李党的执政方略，却偏偏又被牛党青睐有加，那到底怎么选？

李商隐坚持自我，选择了李党，自此凄苦一生；杜牧则选择了谁对我好我就对谁好，即使那人的政见我并不认同。

但还有一种可能，那就是杜家在两头下注。

杜牧投靠的是牛党，大和七年（833），他接受了牛僧孺的邀请，进入淮南幕府。牛僧孺视杜牧为子侄，连他大晚上跑去买醉都不放心，要让自己的属下乔装保护，说杜牧是牛党的“党宠”毫不为过。

杜牧的弟弟叫杜颛，投靠的是李党，几乎在杜牧入牛僧孺幕府的同时，杜颢也加入了李德裕的幕府，成了李德裕的心腹谋士。后来李德裕被贬失势，还悲哀感叹："悔不听杜颢之言。"

但如果真是如此，那么也许杜牧加入牛僧孺一党，虽然保障了他一生荣华富贵，可也断了他在政治上的作为。在扬州幕府，他给牛僧孺提出了许多建议。比如藩镇割据，杜牧认为，上策是朝廷自我改革，富国强兵；中策是讨伐魏博镇，给河朔砌进去一个钉子；下策就是现在这样，谁冒头就打谁，永远也没有个尽头。

牛僧孺只是微笑颔首，却从不会采纳实行，杜牧仅有一个从政的念头，还未开始就已完结。

大和九年（835），杜牧离开扬州，赶赴京城担任监察御史。

他从没忘记爷爷临终前的嘱托，陆续撰写了很多策论献给皇帝，可永远都是泥牛入海，毫无波澜。

我猜大概就是这个时候，杜牧对仕途没什么太大兴致了。缅怀时光也不能磨灭的那些幼年记忆，洞穿古今的妄想原来只需天真与单纯，既然如此，倒不如把祖父的希冀全部忘记，只要忘掉，自己就可以活得精彩。很多人很多事就不过是一小段人生中的一个小注脚而已。

别人都是争破头想当京官，可偏偏他八月份自请去了东都洛阳，然后，十一月份就发生了"甘露之变"。

仇士良的神策军在长安大开杀戒，六部九卿死伤殆尽，其中就包括当初给了杜牧第五名的主考官崔郾。而杜牧的这一自我外放，竟然谜一般躲开了这场杀身之祸。

他也曾愿把自己的人生写成兵临城下的不朽传奇，拖着钢铁般的身躯披荆斩棘地奔赴而去。可这一场变乱，让他对大唐江山彻底悲观绝望。

其实，他在任上已经尽力地做了那么多，他尽力对得起每个人，虽然结局并不完美，但谁也不能抹杀他那颗为国为民真挚的心。

他的前半生都在为大唐而战，为此生，为此死。

后来的杜牧很少再流连青楼，曾经的那个风流才子不见了踪影，只有偶尔在秦淮河岸，再见那曾经他流连的歌舞升平，却也只是出神远眺。暮霭浮动，淡色天际便似渐渐消溶，化成一片笼罩着那些灯火阑珊的长长黑夜。而这次，他念出口的却是：

烟笼寒水月笼沙，夜泊秦淮近酒家。

商女不知亡国恨，隔江犹唱《后庭花》。

——杜牧《泊秦淮》

五

后来，杜牧独自旅世，走过了一个又一个炎凉的世态，看惯人情冷暖，可还是很快乐。贫穷与卑微，那又有什么关系？

这时候的杜牧不再出入秦楼楚馆，而是四处凭吊古迹。

他途经华清宫，回想当年开元盛世何其繁华，却因唐明皇与杨贵妃的一己之私，而沦为焦土一片。

长安回望绣成堆，山顶千门次第开。

一骑红尘妃子笑，无人知是荔枝来。

——杜牧《过华清宫绝句三首·其一》

他畅游赤壁古迹，回望昔年曹操南下，周郎的一把火使其樯橹灰飞烟灭，若无这股东风，这天下又该谁主沉浮？

折戟沉沙铁未销，自将磨洗认前朝。

东风不与周郎便，铜雀春深锁二乔。

——杜牧《赤壁》

他路过乌江，凭吊项羽，幻想当年霸王过江、卷土重来，又是何景象？

胜败兵家事不期，包羞忍耻是男儿。

江东子弟多才俊，卷土重来未可知。

——杜牧《题乌江亭》

所以在李德裕主政的唐武宗时期，别的牛党成员过得生不如死，就只有杜牧如鱼得水，因为他本来也不想在中央待，让他去地方，这不叫惩罚，这得叫奖励吧。

会昌六年（846），唐武宗驾崩，新任的唐宣宗尽反会昌之政，可牛僧孺没能否极泰来，大中元年（847）他因病去世了，白居易的堂弟白敏中成了新的牛党领袖。

当时白敏中想让杜牧调任吏部员外郎，可杜牧是真不想待在京城，一个劲地请求外放。直到这时候，我才明白，杜牧投靠的也许从来都不是牛党，他想投靠的，仅仅只是牛僧孺而已。

在杜牧的再三恳请下，他终于得偿所愿，被外放为湖州刺史。

据说，杜牧当年在湖州的时候，见到一对母女。那个女儿长相乖巧可爱，一下就戳中了杜牧的心坎，他跑上去搭讪，把那母女二人逗得眉开眼笑。

可那姑娘年纪还小，杜牧就与她母亲约定，十年之后，他会再来湖州迎娶令爱，这位母亲也满口答应了。

所以，有一种说法，杜牧请求外放湖州，是为了与当年的佳人一会。只是这次来到湖州，已然过了十四载，那姑娘都已经出嫁了三载，杜牧前去责问，对方回答说姑娘已经如约等了你十几年，失约的那个人是你才对。杜牧惆怅良久，写下一首《叹花》感慨此事：

自恨寻芳到已迟，往年曾见未开时。
如今风摆花狼藉，绿叶成阴子满枝。

——杜牧《叹花》

不过，这个事情应该是后人杜撰，杜牧起初请求外放的是杭州刺史，湖州只是次要选择。

六

大中五年（851），杜牧回到长安不久，他相依为命的弟弟杜顗病逝。

杜牧又回到了曾经祖父杜佑在长安城郊的樊川别业，年少的记忆再一次浮上心头。

或许祖父会骂他，说曾经让他胸怀大志，可他就这样游戏人间地玩了一辈子。但我想杜牧只是不想在只有一次的人生里留下遗憾，毕竟没有时光机，他没办法暂停，也没办法快进倒退，更没办法重来一遍。

人生就是一场单程旅行，信念就是即使看不到希望、看不到未来，也相信自己的选择不会错。一年又一年，有多少时间可以挥霍，今天不走快一点，明天就要用跑的了，后天也许就看不到前进的方向了，所以在今天一定要毫不犹豫地向前走，谁去管梦想会不会实现。

所以尽管每个人都说杜牧是最幸福的诗人，我还是固执地觉得老天太偏心了。

偏心到连任何感情都在给予后剥夺，偏心到让这么恣意的他去承受整个大唐的责任。如果没有这样那样的现实，也许他会是大唐那只最自由的鸟吧。他应该比任何人都渴望翱翔，渴望快乐。

这个少年，心地善良，笑容阳光，他应该被更多的人喜欢才是。

所以杜牧一生的时间都用来低落了。也许一个人最好的样子就是平静一点，哪怕一个人生活，仰望一片又一片天空，见证一次又一次别离。

但杜牧可以问心无愧地对自己说，虽然每一步都走得很慢，却不曾退缩过。

人生最后时刻，他闭门不出，焚烧自己的诗稿。多亏他的外甥发现不对，以为杜牧要自焚，冲进去好不容易才把杜牧的诗稿给抢救了下来，否则今天我们可就没机会认识这个“清明时节雨纷纷”的杜牧了。

一年后，杜牧病逝于家中。

关于他临终前为何焚烧诗稿，一直都众说纷纭、莫衷一是。或许他全心全意地相信了这样一个可能，相信在漫长的人生旅途里，有像广阔天空和大地一样永恒不变的事物。

那不是大唐，也不是诗句，而是历史。

第十章 荒唐列传

他忽然发现，自己的身后有一道道身影在增加。他愕然回头，居然是一群前来为他送行的人，可这些人他一个都不认识。再说了，自己这么臭名昭著，以往迎接他的不应该都是嫌弃与鄙夷吗？

一

大中九年（855），天下学子会聚长安，参加一年一度的进士科考试。

这次春闱的主考官是礼部侍郎沈询，在发卷前，他踱步走到一位中年考生的面前，表情复杂地吩咐，要给这个考生调换座位。

他命令眼前这考生坐到正中间，就在他眼皮子底下，由他亲自监考。这一举动自然引得人人侧目，那考生不服气，质问道："凭什么？"

沈询道："凭你舞弊。"

那考生睁大眼睛说："你怎么这样凭空污人清白。"

沈询冷笑一声，眼前这个考生众人太熟悉了，这些年来，年年科考、年年落榜，是考场上无人不知无人不晓的科举钉子户——温庭筠。

同时，他还是个"人形作弊器"，不是他自己作弊，而是帮其他人作弊。《唐摭言》中明确记载他"爱救人"，这个"救"字，就用得十分传神。

近几年来，温庭筠频繁参加科考，不是为了自己，而是专门充当"枪手"，在考场上给其他人传答案，公然扰乱考场纪律。就在去年的进士考试中，他便神不知鬼不觉地"救"数人，让所有阅卷考官头疼不已。

所以，这次考试，沈询发誓坚决不能让这家伙得逞，他眯起眼

睛死死地盯住温庭筠，对其严防死守，要敢有一点小动作，当场就给拿下。

温庭筠很生气，他先是大闹场屋，发现抗议无效后，只好在众目睽睽之下匆匆写了一千多字，就提前交卷走人了。

看着提前交卷离场的温庭筠，沈询松懈下来，露出了久违的笑容，看来这次科考，在自己的严密盯梢下，总算没捅出娄子。

这边温庭筠一脸愤恨地走出科场大门，那些考生的父母正在外等候，见他出来，登时围了起来，一个个七嘴八舌地问："这次如何？"

原本还一脸不悦的温庭筠，忽然变脸，唇角邪魅地勾起，表情要多奸诈有多奸诈。

他笑得贼兮兮的，比出一个手势：这次我暗中助攻了八个人。

二

你大概会问一句。

温庭筠都能给别人替考，那他为什么不自己好好地去考个状元？

有时候邪门就邪门在这点上，温庭筠就是典型的给别人代考，一考一个准，可偏偏轮到他自己亲自上，那就不行了，那叫个屡战屡败、屡败屡战。

当然也有一种猜测，不是温庭筠的才华不够，而是朝廷里的那些人，压根儿就不想让他考中。

所以同样的文章，署名其他人那就是进士，只要署名温庭筠，考官连内容都不看，只瞄一眼名字就当场给扔了，毕竟唐代的科举考卷并未将糊名普遍施行。

那温庭筠到底怎么得罪朝廷上的衮衮诸公了？

先谈谈他的身世。

他祖上是唐初名臣温彦博，但到了晚唐，已然成了破落户。

温庭筠的本名叫温岐，字飞卿，这个名字有很大的迷惑性，很多人第一印象都觉得他应该是个清秀俊逸的文艺青年，可实际上温庭筠长得丑是出了名的，人送雅号“温钟馗”。据说他的孙子因为长得太像他，想去当门客人家都不要。

他很小的时候，父亲病死，母亲又体弱多病，所以童年时的温庭筠经常被玩伴肆意嘲笑，说他没爹生没妈疼，明明什么都没有做错，却总是被排斥在外。

他的笑容明晃晃的，让人觉得仿佛年少时候别人对自己的伤害总是可以毫不在意，哪怕他的心几乎被凌迟了一万次，也依然在微笑。可我看向这个经常独自走在河边的孩子，却忽然觉得他的背影里藏了太多的落寞。

长庆四年（824），温庭筠被父亲生前好友段文昌收养。段文昌是地方官，经常天南海北地跑，每到一处地方，都把温庭筠和儿子段成式带在身边。段成式比温庭筠大，所以段文昌就让大一点的孩子看着小一点的孩子，那个小一点的孩子的黑色瞳孔里塞满了单纯的羞涩，碎风蹭痒了皮肤，眼神同天空的颜色那样美好。

段成式将这个弟弟保护得很好，在他眼里温庭筠永远都是一个那么一点大的小孩，永远是黏着他的跟屁虫，就算没有血缘关系，也是上天送给他最好的礼物。

两个孩子都很有出息：段成式后来成了晚唐著名的小说家；温庭筠在段文昌的悉心教导下，也是文采卓然，年纪轻轻就可以下笔走万言。

段文昌带温庭筠参加乡试，他才思敏捷，每次参加考试，他就双手交叉，闭着眼睛打腹稿，等再次睁眼，一篇赋就可以一挥而就。

当时考试要求写八篇不同格律的文章，温庭筠就这么“叉”了八下，然后文不加点地写完了八篇文章，第一个交卷，第一个走人，故而人送外号“温八叉”。

可没过多久，段文昌因病去世，或许时间过得太快了，挥手之间记忆便只能封存在脑海中。即使多年以后，行至他乡，这些记忆也被他紧紧地收藏着，害怕失去。

晨起动征铎，客行悲故乡。
鸡声茅店月，人迹板桥霜。
槲叶落山路，枳花明驿墙。
因思杜陵梦，凫雁满回塘。

——温庭筠《商山早行》

大和九年（835），温庭筠滞留着对童年的心酸与无奈，奔赴长安，他要重现先祖与义父的荣光。

三

晚唐政治黑暗，看过小李杜的遭遇，就明白这时候要是能“保送”，打死也别考试。

温庭筠一入长安，就寻求那些显贵的推荐，但朝廷上的王公贵族他无法接触，于是就把目光放在了宗密禅师的身上。

宗密禅师虽然无官无职，但在朝廷内人头熟，温庭筠与禅师聊佛法、拉关系，希望大师可以给他引荐一些显贵，可没想到时运不济，不久发生了“甘露之变”，宗密禅师被卷了进去，连命都险些没了，更别提保送他人，温庭筠只好另寻出路。

温庭筠倒是没气馁，他不知用了什么手段，通过一位尚书的引荐，搭上了太子李永的路子，进入东宫，成了太子的陪玩。

庄恪太子李永因常年酗酒游玩，唐文宗不喜欢他，甚至一度还打算废掉他的太子之位，虽说没废成，太子却因这件事成天提心吊胆，把自己给吓死了。

咱们捋一捋这个逻辑，太子之死，是因为害怕被废，之所以皇帝要废太子，是因为太子整天不学习就知道到处乱玩，而温庭筠正是太子的陪玩……

温庭筠就这么被赶出东宫了。

其实，这个倒不是朝廷里的人牵强附会，而是温庭筠在当时的确不受待见。

因为温庭筠有个嗜好，就是逛青楼，这个也不是大问题，唐朝文人谁还没逛过了？

可为啥就温庭筠把名声给坏了？

那还得要从他刚考完乡试，客居江淮期间，遇到了他的表哥姚勖说起。

姚勖知这个表弟有才华，就给了他一笔钱，让他拿这笔钱好好读书。谁知温庭筠把这笔钱全用来寻欢作乐了，姚勖得知以后，勃然大怒，觉得自己眼睛瞎了资助错了人，二话不说，在大庭广众之下把温庭筠给打了一顿。

姚勖是进士出身，温庭筠也是著名的“温八叉”，这两个有分量的读书人当众打架，自然引起了轩然大波，而好事者一打听缘由，更是忍俊不禁，原来温庭筠是这么一个人。

自此以后，温庭筠的名声在大唐境内算是彻底毁了。

温庭筠的姐姐知道以后，就对姚勖又气又恨。一天，姚勖到温氏家拜访，温氏就走进前厅，拽住姚勖的袖子，号啕哭骂：“我弟年少宴游，人之常情，奈何笞之？迄今无有成遂，得不由汝致之？”

然后就又是一边哭一边骂，姚勖也是个读书人，哪见过这架势，回去后越想越委屈，居然一口气没上来，被活活气死了。

而温庭筠的本名，其实叫温岐，也正是因为这件事，才改了名。

这样的过往，他实在找不到任何的理由去面对，好像每个时刻都在残忍地提醒他，残忍地撕开他的伤疤，还要在上面撒盐，让他痛得无以复加。

每个孩子都总要长大，所谓经验不过是走错的路，还有或深或浅的伤痕。于是小心翼翼变得聪明，却失去了最初的勇气。

四

温庭筠离开东宫后，只好乖乖地去考试。但不知道为什么，一直都考不上。有一年，他在京兆府的初试中考到了第二名，可随后的进士考试他居然缺考了。

有人说，他当时生病了没办法去；也有人说，他是因为臭名远扬，被人取消了考试资格。

他自己给友人的诗句上说的是："积毁方销骨，微瑕惧掩瑜。"

可见，因为当时温庭筠浪荡的名声尽人皆知。文人都是爱惜羽毛的，没有哪个主考愿意连累自己的清名，去录取这么一个有污点的学生。

在万般无奈之下，温庭筠只好弃考，在长安鄠郊租了一间房子，暂时隐居下来。

就在这段时间，他认识了宰相之子令狐滈，二人臭味相投，一同出入秦楼楚馆。在令狐滈的引荐下，温庭筠攀上了令狐滈的父亲，当朝宰相令狐绹。

令狐绹对温庭筠的才华也叹为观止，尤其是他的诗风，让这位宰相想起了自己的一位故交。于是就将温庭筠留在了府内，让他与儿子一起复读，来年再去参加科举考试。只要有他推荐，不愁科考不中。

当时的大中年间，在位的皇帝是唐宣宗，这是个十分强势的君主，朝政大权一手包揽，宰相在他眼里不过是个工具而已。

他之所以提拔令狐绹，也不是看重令狐绹的才能，仅仅是令狐绹的父亲令狐楚是其父唐宪宗的宠臣，这才投桃报李，意思一下罢了。

令狐绹对自己的定位也十分准确，他就是皇帝的一个工具人，不需要做什么政绩出来，只需要讨好皇帝本人，自己的地位就可以安安稳稳。

当时，唐宣宗喜欢唱《菩萨蛮》，需要给这一乐曲填词，令狐绹心想这是个向皇帝推荐温庭筠的好机会，就赶紧叫温庭筠写了一首《菩萨蛮》，他拿去进献给皇帝。

小山重叠金明灭，鬓云欲度香腮雪。

懒起画蛾眉，弄妆梳洗迟。

照花前后镜，花面交相映。

新帖绣罗襦，双双金鹧鸪。

唐宣宗得到后，果然爱不释手。令狐绹眼见皇帝如此喜爱这首词，也飘飘然了起来，把推荐温庭筠的事情忘到九霄云外，觍颜谎称这是自己的作品，赢得了满堂喝彩，唐宣宗更是对令狐绹满口称赞。

令狐绹事后再三告诫温庭筠，这事天知地知你知我知，等下次有机会我再推荐你吧。

温庭筠这下气不过了，今天还点头答应，明天就把这事给捅出去了，到处说《菩萨蛮》其实是自己的作品，还说令狐绹是“中书堂内坐将军”，讥讽他没有学问。这事被令狐绹耳闻后，顿时满面羞愧，在心底也把温庭筠给记恨上了。

还有一次，唐宣宗作了一首诗，其中有“金步摇”一词，一时之间找不到合适的对仗词，因上次的《菩萨蛮》事件，皇帝误以为令狐绹真的文采斐然，就召唤他前来请教。令狐绹哪懂这个，就说让自己回家先想一想，刚一回府，他就立马跑去问温庭筠。

温庭筠一看，当场对道：“玉条脱。”

令狐绹露出文盲的神色：“啥玩意儿？”

温庭筠无奈地回道：“出自《南华经》第二篇。”

次日，令狐绹把这个词给唐宣宗一说，宣宗皇帝一拍大腿，妙呀，令狐宰相果然才学过人。

其实，如果到此为止，倒也没什么，可温庭筠此刻又突然刘禹锡附体，嘴贱地补上了一句：“《南华经》又不是什么冷门书，大人难道就没读过吗？”

令狐绹的脸色当场就沉下去了，这话里话外不就是讽刺我“读书少”吗，我供你吃供你喝，你就如此羞辱我？

再结合上次那件事，令狐绹终于断定，这个温庭筠就是个不通人情世故的憨憨，这种人当了官，别说报答我的提携之恩，不把我坑死就已经算是烧高香了。

于是，在唐宣宗耳闻温庭筠之名后，便询问令狐绹此人如何，令狐绹一翻白眼，说这个人情商太低，根本就不是当官的材料。

不过唐宣宗也不是偏听偏信的人，他决定亲自去见见温庭筠，看看这位才子到底有几分斤两。

有次，唐宣宗微服私访，在一个小旅馆和温庭筠相遇。温庭筠还以为这是个小官，便傲然诘问：“公非长史司马之流耶？”

唐宣宗回答：“非也。”

温庭筠又问：“得非大参簿尉之类耶？”

唐宣宗心想，我堂堂九五之尊，你居然把我当成小官调笑，这什么眼神？看来令狐宰相对此子的评价没错，就是个不堪大用的绣花枕头，宣宗皇帝当即面色一沉，拂袖而去。

因为皇帝给打了黑名单，宰相又从中作梗，所以即使温庭筠之后屡次科考，文章写得再漂亮，也是连续多年，屡试不第。

温庭筠一直以为是造化弄人，生活在刻意作弄自己。其实生活实在是最无辜的，它明明最公正，却被无数人用作自己消沉的借口，说一切都是生活所迫，而生活却从来没有被抓住过。

直到后来，温庭筠路过广陵的时候，被当地的虞候侮辱，双方大打出手，温庭筠被打得门牙脱落，于是诉冤到令狐绹的府上。令狐绹想起当年的事就气不打一处来，立刻判定虞候无罪，温庭筠被打活该。

至此，温庭筠才回过味来，得知自己以前把令狐绹给得罪死了，于是作诗叹道："因知此恨人多积，悔读《南华》第二篇。"

五

一个人的地位可能很卑微，身份可能很渺小，但这丝毫不意味着自己不重要。

重要并不是伟大的同义词，它是心灵对生命的允诺。

在经历了科场无望后，温庭筠还是没忘记每年参加科举考试，但已不再对录取抱有希望，而是故意替考代笔传纸条，以文为货，把科场搅扰得一塌糊涂。

其实他在挣扎着，不安心做戏码里的蹩脚角色，然而无论如何也只是徒然，不管他怎么挣扎，都逃不出上天的命运天平，只能按着既定的轨道前行，一切未知。

大中十三年（859），唐宣宗驾崩，唐懿宗继位，眼见温庭筠还把科场秩序搅得群魔乱舞，皇帝终于坐不住了，放话说你消停点，也别考了，朕给你个小官当当吧，别再祸害其他单纯无辜的考生了。

唐懿宗屈服了，在皇帝的金口玉言下，温庭筠既没靠门荫，也没靠科举，就这么用"作弊"以白身步入了仕途，不过他担任的也只是县尉、巡官、检校员外郎这一类的小官，所以温庭筠一生官场不得志，也没什么政治的建树。

当时，有个叫徐商的宰相给唐懿宗推荐，说温庭筠此人常年混迹于科场，拥有丰富的考试作弊经验，既然如此，为什么不让他发挥自己的特长，去负责科举考试呢？

皇帝一拍大腿，当即拔擢温庭筠当国子监助教，专门负责科举考试。

当年那个在考场上令无数考官头疼的作弊刺头，居然摇身一变，成监考老师了。

咸通七年（866），秋试召开，温庭筠第一次以主考官的身份出现在科举考场。以往他在下面答题，现在坐在上面阅卷；这时候他与当年已然不同，他眉眼轻微低垂，仿佛对世间万事都无动于衷。

当初，因为朝廷内的蝇营狗苟，导致他空有才华，却无法及第，所以他不忍心让自己的悲剧在其他考生身上重演。于是，他做出了一个决定：把这次准备录取的考生文章张榜贴出，以示这次考试的公平、公正、公开！

咸通年间的科举考场，已经沦落到让曾经那个最会舞弊的枪手来维护考试公平的地步。

而温庭筠的这一做法，无异于断了许多官员子弟的前路，他这样把文章公开，这些达官贵族连私下里操作的空间都没有了，于是纷纷记恨上了温庭筠。其中就有当时的宰相杨收，他的儿子因为文章被公布出来，那文笔烂到了家，由于是宰相的孩子格外被人关注，这篇烂文被四海传笑，这下就算杨收脸皮再厚，也不敢顶着汹汹舆论把儿子强行录取。

于是，他将一腔怒火发泄到了温庭筠头上，弹劾他不按照规矩办事，擅自更改祖宗传下来的科举制度，一纸调令，就把温庭筠赶到了方城，去担任一个县尉。

接到命令的温庭筠，只是无所谓地笑笑，好像有什么随时间飘零渐远，至云端抑或海角，曾经的理想最终遥不可及，侵蚀了这场荒唐的宿命。

他拎起行囊，尽力让自己开心一点，就笑一笑吧，辛辛苦苦来到这世上，难道是为了每天那些不美好的而伤心吗？生下来的时候已经哭够了，那就不要哭着回去了。

当他对着被血色的夕阳缓缓拉长的影子微笑的时候，或许他的影子也在对他微笑。只是这些黑色的线条寥寥几笔，能勾勒出他简单的面容，却复刻不了他的心情。

他忽然发现，自己的身后有一道道身影在增加。他愕然回头，居然是一群前来为他送行的人。可这些人他一个都不认识。再说了，自己这么臭名昭著，以往迎接他的不应该都是嫌弃与鄙夷吗？

然后他就知道了，这些都是这次秋试中榜考生的父母，他们都知道，要不是温庭筠这次取士公道，他们这些无权无势的平民家庭，即使孩子再出色，也不会被录取的。

何事明时泣玉频，长安不见杏园春，
凤凰诏下虽沾命，鹦鹉才高却累身。
且尽绿醽销积恨，莫辞黄绶拂行尘，
方城若比长沙路，犹隔千山与万津。

——纪唐夫《送温庭筠尉方城》

原以为封尘旧事，可以惨淡度过余生，却不想还是唤起了心中的憧憬。

曾经科场上的荒唐事历历在目，温庭筠却从来没有容忍退缩。

启航号角已响起，过去与未来一起眷顾，直至为了心中的理想而冲破世俗的桎梏。

这个被人们讨厌了一辈子的温庭筠，在人生的最后时光，终于凭借自己的良知，得到了人民的认可。或许等我们受过伤害之后，会渐渐变得自暴自弃，可不变的是，终其一生都没有忘记自己的初心。

六

我对温庭筠的印象，是他为什么老是被打？

每当看到他被人打得满脸血污、门牙脱落，一脸委屈巴巴地找人申诉时，我都觉得滑稽，脑海中凭空浮现出一个孔乙己的形象来。可后来年纪渐长，才发现或许对他来说，身体的痛已经不算什么，也许是内心太压抑了，不明白自己在想什么，即使被打，也好像带着一点宣泄的感觉。

或许世界上真的有这么一种人，在人前总是嘻嘻哈哈的样子，油腔滑调不正经，一把年纪了仍不知收敛，惹得亲朋老友都唾弃不已。

有时候一想，也许温庭筠他就是一俗人，没有一颗特别包容的心，他平白面对许多不堪的经历与人生回忆，这些记忆是不容抹掉的，无论是甜还是苦。

他不说出来，只是像个刺猬一样掩饰自己，这样就不会有人抓住自己的弱点，好像自欺欺人就可以刀枪不入。

这其实很可悲，你知道吗？

如今对温庭筠的评价，说他是花间词派的鼻祖，也就是说，从

温庭筠这里算起，中国文学高峰开始从唐诗到宋词进行转变，比如这首词：

梳洗罢，独倚望江楼。过尽千帆皆不是，斜晖脉脉水悠悠。肠断白蘋洲。

——温庭筠《望江南》

温庭筠常年厮混在秦楼楚馆的脂粉堆里，所以他才可以三言两语道尽那些姑娘的隐晦心理。只是他懂那些莺莺燕燕的女子，那些女子却未必懂这个浪荡的温庭筠。

这世上没有人真正可以对另一个人的伤痛感同身受，纵使你万箭穿心、你痛不欲生，也仅仅是你一个人的事。

别人或许会同情，或许会感叹，但永远不会清楚你的伤口究竟溃烂到何种地步。所以必须学会掩饰自己的心。

温庭筠可能就是这样一个人，他在人生的每一个阶段，都曾有过自己的愿望：他执着于科场，却屡屡失败，到了最后纵使已经没有足够的勇气，可还是硬着头皮继续走。

或许他就是坚强的，只是现实太令人难过了，这才不得不枕在美人膝上醉生梦死。等到他学会放弃一些根本不属于自己的东西的时候，那个温庭筠就已经长大了，并最终得到了人民以及历史的肯定。

所以，即使是那样荒唐的一生，只要一如既往地坚定自己的信念，也一定会成功。

第十一章 那只离经叛道的鱼

“你要不要拜我为师，我教你作诗呀？”鱼幼薇迫不及待地连连点头，或许只有相信童话的孩子，才会有这么大的勇气去信任着一个陌生人，在万物生长的初春，因为温庭筠的出现，鱼幼薇觉得好像阳光都开始羞涩，原本冷清的世界开始慢慢回暖。

一

多年以后，鱼玄机站在行刑队面前，准会想起见到温庭筠的那个遥远的下午。

倘若时间有记忆，那鱼玄机记忆的起点，大概会是温庭筠的眼睛，他的眼睛非常漂亮，棕黑的眸因为太大而显出丝丝虹膜，倒映出了一个会脸红的自己。

可在行刑的时候，挨山塞海，她左顾右盼，没能发现那双她熟悉的眼神。

早在几天之前，官府考虑到鱼玄机的名望，就张贴榜单，叫全城百姓前来观刑，以教化他们要敬畏法律，收敛起那些作奸犯科的心。

到了处刑当日，不单过道被老百姓拥挤得人山人海，连墙上树上都挂满了人，黑压压的一片，他们七嘴八舌地讨论着鱼玄机，有的说她是懂交际的名媛，有的说她是会写诗的女冠，还有人啐了一口痰，说那就是个私生活不检点的荡妇。

午时三刻，监刑官裴澄发了话，鱼玄机坐着囚车被押赴刑场，观看的人全都屏住了呼吸，目不转睛地看向那个马上要被绞死的女孩子。

王小波跟我说，那天鱼玄机穿着一条白如亮银的亵衣，拦腰束一条红色的丝绦，披散着如野草一般茂盛的长发，很楚楚可怜的样子。

以往别人上法场，那一个个都是愁眉苦脸、面如死灰，耷拉着脑袋灰溜溜地过去，可她却是斜躺在毡上，一手托腮，嘴角叼了一朵山茶花，一副若有所思的模样。

她被押上刑台，绑在木桩上，两个刽子手一左一右，把绞索缠绕在她的脖子上。她拨了拨头发，闭上了眼睛，好像待会儿只是要小憩一会儿。

按照江湖上的规矩，像鱼玄机这样的人，临死前一定要说出什么富有哲理的遗言，这才显得圆满，监刑官裴澄果然也是个懂行的，便问道："鱼练师，你可还有什么遗言？"

鱼玄机临死前到底说了什么，现今文献已不可考，人们传说她吟诵了她写的名句"易求无价宝，难得有心郎"。不过王小波说，不是的，当时要三绞毙命，把鱼玄机折腾得够呛，她嚷嚷说你们就不能一次解决吗，非得这么折磨人，在得到否定的回答后，她沙哑着嗓子问候了监考官的老母亲，就被生生勒死了。

我当然知道王小波在扯，但我也不信第一种。虽说死前吟诗好浪漫，但太不现实了，我不喜欢那样的鱼玄机。我宁肯相信王小波的说法，被绞索锁喉肯定无法呼吸，绝望卡在喉咙里发不出声音，要是能有喘息的工夫，换成是我也要骂娘。

我虽没死过，但我觉得她被绞索勒死的时候，肯定觉得生命太脆弱，死亡的感觉比自己溺水时还要来得真切鲜活。只能说有点遗憾吧，那个人没出现，所以回忆起一切记得的事情是那么苍白无力，那天，那刻，那个人的影子在眼前慢慢消失。

好像每段感情到了最后都会变成荒谬不堪的往事，纯真被时光狠狠地磨砺，那些隐匿闪躲的悲伤，还是被牵扯着带出了无从知晓的过往。

二

鱼玄机生于会昌初年的长安城郊。

其实她本不叫鱼玄机，叫鱼幼薇，小字蕙兰。

这名是父亲给取的。她父亲是长安城郊的一个落拓士人，饱读诗书却一生功名未成，闲极无聊就教女儿写诗，不承想教出了个“诗童”，才十一二岁，鱼幼薇的诗句就在长安文人的圈子中传诵开来。

可父亲英年早逝，鱼家生活陡然困顿，留下母女二人相依为命，为了糊口，母亲带着女儿搬到了平康坊，做一些缝补浆洗的杂活。

这平康坊就是个烟花柳巷之地，鱼幼薇就在这种鱼龙混杂的地方成长。那时候她也不再写诗，那双原本用来拿笔的纤长玉手，现在开始给那些公子歌伎们洗起了衣服，就只是为了活下去。

在那种声色场所耳濡目染地长大，自然就不可避免地认识了咱们的晚唐风流小郎君——温庭筠。

温庭筠遇到小小的鱼幼薇，他听人介绍说，这小女孩会写诗，他就心存考校，指着远处的杨柳，以“江边柳”为题，让鱼幼薇写

诗给他看。

鱼幼薇皱起好看的眉，然后飞快地在纸上写完，递给温庭筠让他品鉴。这个才思的敏锐程度，还真不亚于有“八叉”之称的老温。

翠色连荒岸，烟姿入远楼。
影铺秋水面，花落钓人头。
根老藏鱼窟，枝低系客舟。
萧萧风雨夜，惊梦复添愁。

——鱼玄机《赋得江边柳》

温庭筠吟读这诗句，检查着平仄，越来越觉得这个遣词造句比多少文人才子都强。关键还是个十几岁的少女写的，这就不得了。只是待他看到“系客舟”三字，微微皱起了眉头：但愿这女孩别如自己诗中的谶语一样，沦落到以色事人的地步。

他就问：“你要不要拜我为师，我教你作诗呀？”

鱼幼薇迫不及待地连连点头，或许只有相信童话的孩子，才会有这么大的勇气去信任一个陌生人。在万物生长的初春，因为温庭筠的出现，鱼幼薇觉得好像阳光都开始羞涩，原本冷清的世界开始慢慢回暖。

那时候，处在花季的鱼幼薇一直在温庭筠的庇护下尊敬地望着他，小鱼有时会觉得生命真是个奇迹，原本她以为自己的生命会寂然地结束，却忽然看到开阔的天地，还有那样的笑容。

从此以后，一个永不消退的影子深深地印在鱼幼薇的脑海里，即使眼前一团黑雾，那个身影也能驱散黑暗，带给她难以置信的光亮。

而对温庭筠而言，能有一个相信童话的孩子相伴，也真是一件让人快乐的事。

可他却忘了，一般能相信童话的孩子，等到长大了，都会相信爱情。

三

在很多人看来，鱼玄机能喜欢上温庭筠，是个无法理解的事。

鱼玄机长得又乖又甜，史书上说她是“色既倾国”，而温庭筠相貌丑陋，人家笑话他是“温钟馗”，还衣品不好、邋里邋遢，这颜值就匹配不到一起去。

鱼玄机豆蔻年华，温庭筠是个四十多岁的大叔，人到中年一事无成，整日流连忘返在花街柳巷，这年龄和品性上也相差悬殊。

但可以这样想，鱼玄机自幼丧父，而温庭筠的出现弥补了这段缺失的感情，一样是落魄不得志的士子，一样会悉心地教导她写诗作赋。他温暖的肩膀让人信赖，当她从噩梦中惊醒，眼前只有黑暗，以为自己被抛弃在无尽的孤独里时，总会有一盏灯为她长燃，夜色深沉，星辰入眠，老师温庭筠的存在驱散了她心底最深处的恐惧。

鱼幼薇觉得找到了属于自己的归处，即便他表面看起来浪荡无情，但是在他摸着她头的时候，那个眼神流露出的温情是不会骗人的。

有人说过，喜欢一个人就去追，因为在这一辈子，可能只有这一次机会能牵到那个人的手了。有梦想也要去努力，因为在这一辈子，现在不去勇敢地努力，也许就再也没有机会了。

鱼幼薇喜欢温庭筠的诗，尤其那句“玲珑骰子安红豆，入骨相思知不知”。她想知道：我不知疲倦、日日夜夜不眠不休对你的思念，你又能感受到吗?

阶砌乱蛩鸣，庭柯烟露清。
月中邻乐响，楼上远山明。
珍簟凉风著，瑶琴寄恨生。
嵇君懒书札，底物慰秋情。

——鱼玄机《寄飞卿》

她想试试看，在他教会自己的所有事里，要是能努力追赶，用他的眼睛看世界，也许就能拥有守护他的力量。

温庭筠曾说过，在他的世界里是没有奇迹的，他想找人保送入仕，结果是靠山山倒、靠水水流。他跑去参加科举考试，他给别人代考就一考而中，亲自考就年年落榜，好像什么都不顺利。

鱼幼薇想让温庭筠看到，她一直站在他的背后，让他感受到她给的温暖，她想让自己成为他生命中的奇迹。

四

大中十二年（858），朝廷举行一年一度的进士考试，多少意气风发的年轻士子云集长安，在崇真观的墙壁上争先恐后地题诗留名。

鱼幼薇看在眼里，满是羡慕，可她是女孩，不可能如男孩那样可以去参加进士考试。

待到那些高谈阔论的士子结伴离开后，她还是忍不住走了上去，在涂满诗句的墙壁上，找出一块小小的空处，用毛笔小心翼翼地提上了自己的七绝诗：

云峰满目放春晴，历历银钩指下生。
自恨罗衣掩诗句，举头空羡榜中名。

——鱼玄机《游崇真观南楼，睹新及第题名处》

邵氏有部电影，在电影中，鱼玄机曾问崔伯侯，有学问的女人能做什么，她不喜欢做别人的妻子，不喜欢做妾，不喜欢当歌伎，不想当尼姑因为舍不得自己的头发，所以只有当女道士了。

崔博侯回答，他不喜欢做别人的夫婿，不喜欢做朝廷大官，不喜欢做商人，也没兴趣做藩镇武将，所以只能当游侠。

鱼玄机就说：“做个男人真好，得意时可以高官厚禄，失意时可以漂泊江湖。”

在那个时代，女人只是男人的附属品，鱼玄机也不例外，可偏偏她就不是一般的女子，不论是文采还是品性都远远超过了那个时代的无数男人，所以她才不甘心，为什么只因我是女子，生在了这样的时代，就要被这世俗的锁链捆到生命的最后一刻？

历史给我们留下的鱼玄机，好像是一个会写“易求无价宝，难得有心郎”的爱情诗人，好像这辈子就只剩谈恋爱了，可谁又曾想过，她也向往能到更广阔的天地啊。

五

那一年时光回溯，交错的片段无法挽留，依稀记得就在几日后，本次进士考试的状元郎李亿与温庭筠途经崇真观南楼，看向题壁上涂鸦的诗作。

他俩一个是新科状元，一个是风流才子，这些士子的题诗自然不放在眼里。可随即他们俩就在墙壁的偏角处，不约而同地发现了那首字迹娟秀的诗作。

李亿惊喜不已，他自然看得出来，这是一女子写的诗句，就不禁赞叹，说这首诗的作者竟有这般的文采，幸亏是个姑娘，不然我这状元可未必能拿得上了。

温庭筠笑笑，他自然是认识鱼幼薇的字迹的，当即夸耀，说这是他的女弟子所写。

眼看李亿目光快挤出水来了，温庭筠忽然意识到，按照小鱼现在的出身与状况，长大不堕入风尘已然是万幸，能嫁个落魄士子都是烧高香。而眼前的李亿是新科状元，前途无量，倒不如把小鱼介绍给他？

李亿本就被鱼幼薇的诗句折服，一听温庭筠要给自己介绍，喜上眉梢，忙不迭地点头。

其实温庭筠又何尝不知道小鱼对自己的爱慕之情，可他知道自己是个什么德行，四十多岁还一事无成，估计将来也不会有什么成就，小鱼跟他只会吃苦。而且他大概率会死在小鱼的前面，这样的爱情对那个小女孩来说一点也不公平。

李亿是状元，有前途，按照惯例他会娶豪门大族的女儿，小鱼嫁给他只能做妾，但做妾也是状元郎的妾，总比跟自己这么个废物叔好吧。

他把这个消息告诉了鱼幼薇，小鱼并没有拒绝，她从来不会拒绝温庭筠的任何要求，只是她忽然觉得，他们的认识也许是个错误。

如果他们从来不曾对话，也许温庭筠就永远都是小鱼眼中遥远的行星，散发着温暖光芒的温柔吧。那些卑微关注拼凑起的爱，点亮了她从十岁到十四岁头顶持续绚烂的天空，如果能一直这样奔跑下去，就能看见他的微笑了吧。

因为喜欢，所以变成笨蛋，这个女孩，即使她没有点亮焰火，即使那些心情没有说出口，可也是爱。

鱼玄机在她十五岁的那年，经温庭筠的介绍，把自己嫁给了状元李亿做妾。

她答应温庭筠，自己会在前行的路上留下越来越坚实的足迹，最后到达阳光的尽头，但她不会忘记有一个笑如朝阳的大叔，曾经站在她身后，扶着她学会行走，然后目送她远去。

六

鱼幼薇应该是喜欢过李亿的。

她倒是不介意做妾，从小因为那些诗句让她得到了外界分外的关注，可又因为自己出身不好，常年住在那个一说出来就让男人们表情暧昧的地方，所以时常有风言风语飘进耳朵，这些诋毁的话语总是充满诱惑，让她迟迟不敢确定自己。

温庭筠把一切都算到了，就是没算到李家有个蛮横的正妻，以及李亿原来是个惧内的。

李亿的正妻闻听丈夫纳妾就不依不饶，经常对鱼幼薇非打即骂，李亿却只是缩着脖子，权当没有看到。

就在嫁过去的那个冬日，小鱼给温庭筠寄去诗句，其实是想告诉他，我现在过得不好，你来接我走好不好？

苦思搜诗灯下吟，不眠长夜怕寒衾。
满庭木叶愁风起，透幌纱窗惜月沉。
疏散未闲终遂愿，盛衰空见本来心。
幽栖莫定梧桐处，暮雀啾啾空绕林。

——鱼玄机《冬夜寄温飞卿》

只是当年温庭筠因“嘴贱”得罪了当朝宰相令狐绹，被赶到襄阳去当幕僚，就算他真想带小鱼走，也是心有余而力不足。

几年后，李亿将鱼幼薇安置在了长安城外的咸宜观，还对她说，权且忍耐几个月，很快就来接她。

稍微有点人生经验的都知道，这是个哄鬼的话，不过鱼幼薇真的相信了，她爱李亿，她以为李亿和温庭筠一样会说话算话。

在日复一日的等待中，李亿也会偶尔出现，但绝口不提接她回去的事。就这样让她一直做一个无名无分的外宅妇。

后来的李亿终于愿意接她回去，却告诉她，妻子不孕不育，她希望能把小鱼接回去，生下来孩子就过继给妻子养，而小鱼就安分做妾，延续香火，就像自古以来无数女人所做的那样。

李亿的笑容温柔和煦，可小鱼却低着头不说话，时间好似静止，让人无端发慌。

好像有那么片刻的苍白无力，她死死咬住嘴唇来平静情绪，发现自己好像还是被旁人的言语所控制，面前的这个人究竟要玩弄我到什么地步？

李亿见她表情有异，就问：“小鱼？”

鱼幼薇深深地吸了口气，瞪大眼睛道：“给老娘滚蛋！”

眼见李亿落荒而逃的背影，小鱼强迫自己要微笑，强迫自己要释然，这个微笑用掉疼痛的力气，这次释然用完了铭记的场地，仿佛这样就可以继续卑微而无力地活着。

她不要当沉默的玩物，不要低眉顺眼，不要成为等待男人拯救的弱女子。

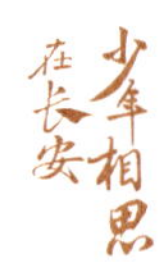

后来有次，有个女子来道观求签，求的是姻缘，女子拿着掉落的签子给鱼玄机看，请她帮忙解释。小鱼只觉同病相怜，就给这女子赠了那首她最著名的诗。

羞日遮罗袖，愁春懒起妆。
易求无价宝，难得有心郎。
枕上潜垂泪，花间暗断肠。
自能窥宋玉，何必恨王昌。

——鱼玄机《赠邻女》

人世间因为谎言与隐瞒造就的怨侣不计其数，而你，在这里也不过是芸芸众生中的一个罢了。

或许那个瞬间小鱼终于发现，深爱过的人早在告别的那天就消失在这个世界，从此她只剩孤身一人。

那年的鱼幼薇正式出了家，给自己取了个道号：鱼玄机。

不分春夏秋冬，她终日穿着一身黑，上身是紧袖口的蝙蝠衫，下身是瘦腿裤子，足蹬高跟马靴，这样的衣服谁穿都不美观，可鱼玄机穿上就很好看。其实她穿什么都好看，她是咸宜观一道亮丽的风景线。

她给全长安城的年轻士子发出帖子：咸宜观鱼玄机，诗文候教。

全长安的文人血脉偾张，看得出来，这帖子虽名曰品评诗文，实际上只要被鱼玄机看中，就可以留下过夜，成为鱼玄机的入幕之宾，故而引得无数骚人墨客纷至沓来。

这些人把道观当成放浪形骸的世外桃源，他们都想和那个文采惊艳的女子亲近，却又要用探讨诗文的幌子来掩饰自己蠢蠢欲动的心。

鱼玄机就这样在咸宜观过起了夜夜笙歌的生活，尽管她飘零如断了线的风筝，却从未放弃忠于自己，她用最堕落的方式保有自己的清高，恣意地嘲笑着这世间男子的虚伪。

七

咸通九年（868），鱼玄机因擅杀婢女绿翘，被捕入狱。

鱼玄机杀婢女的说法有许多种，有人说她的婢女与陈韪偷情，被鱼玄机撞破，于是争风吃醋，失手打死了绿翘；也有人说，因为绿翘是个正经的好姑娘，看不惯鱼玄机的生活作风，就说了几句，被鱼玄机惩罚而死；还有人说，这属于情杀，总之众说纷纭，也没人讲得清楚鱼玄机的杀人动机。不过唐代的法律不讲动机，只讲事实，反正绿翘被鱼玄机杀了，那么就要按国法问罪。

最终鱼玄机一案尘埃落定，判处鱼玄机死刑，当众绞死在长安街头。

鱼玄机还活着的时候，她的咸宜观车水马龙、门庭若市，多少达官贵人挤破了头也要见上鱼玄机一面。可如今她落了难，那些往日在她面前海誓山盟的男子，一个个都只顾着匆忙撇清关系，没有人关心她顾及她，还有的会衣冠楚楚地混在人群中，和老百姓一起骂她是娼妇。

那天法场上吵吵嚷嚷，根本没有人看见她的眼泪，她的脸被火一样的太阳映得发红，仿佛只要有阴影，就能忘记哭泣，她就眼睁睁看着自己的生命在一点点地逝去。这时候我才意识到，其实我在乎的不是她的死，是她明知凋零却还执着绽放的至情至性。

我很欣赏直爽的女子，她们不做作不忸怩，比起所谓的“淑女”更敢作敢为，鱼玄机就是这种女子。

世界大，生命长，谁都总以为遇到了对的，可谁知最后的结果，还是一个人离去？这就是她鱼玄机的人生了，一目了然，却又好像是在上演别人的故事。

直到死去的那刻，她都是堂堂正正的样子，只留下一个让人唏嘘不已的背影。也只能等来生，再盼君颜如故。

第十二章

唐末英雄传

故事是怎么开始的已经语焉不详，只是我不舍让这样的故事随身体一起烂死腹中。如果说人生是一场生死契阔的游戏，我甘愿为黄巢的故事写一个结局。他的征途止于狼虎谷，那一日，他的身侧是用双手撑起的蔚蓝的天空。

我会让时光定格这一刻，让刀剑和笔墨记录着他永世不朽的传奇。

一

乾符二年（875），一个书生看向发布新科进士姓名的榜单，沉重地叹了一口气。

他又落榜了。

这已经是他第不知多少次前来长安参加考试，从小，他在家乡也算得上文采斐然，祖父希冀他们家族可以从孙子这一辈由商入仕，振兴门楣。可不知为何，他年年科考，年年落第，真让人心有不甘。

他颓丧地转身离开，准备回山东老家，忽然听到旁边一人叹道："果然又和往年一样，中第的全是门阀士族的子弟，没有一个寒门上榜。"

书生一怔，他又仰头仔仔细细地查看榜单，果然和那人所说的一样，上面的名字，要么就是"崔卢李郑王"这样的山东士族，要么就是"韦裴柳薛杨杜"这样的关陇阀阅，偌大的榜单，竟没有一个寒门小姓。

书生发现眼前蓦然出现一团黑雾，明明睁着眼却什么也看不见，他感觉身体失重悬空，知觉像被甩到了躯体之外，但体内沸腾的血直冲脑门，反复提醒由来已久的愤怒。

那几日，他滞留长安，四处打探消息，终于结识了不少这次科考落第的举子。从他们口中得知，这届的主考官崔沆是博陵崔氏，山东的五姓七宗之一；而这次科举的状元叫崔瀣，正与主考官是同族。故而渐渐有传言，说他们这叫“座主门生，沆瀣一气”。

书生气到想骂人，他连灌数坛酒，痛斥朝廷不识人才，录用的尽是这些世家大族的绣花枕头。

殊不知，这家酒楼正有世家子弟在饮酒，他们见书生痛骂，不由得出言讽刺道：“你自己不努力，就酸我们？”

书生冷冷一眼扫过去，道：“你们能考中，也不过因为投了个好胎罢了。”

那些世家子弟轻佻大笑，“我们家几代人的努力，凭什么输给你十年寒窗？”

书生不答，结完账，便要转身离开，那些世家公子哥放肆嘲讽道：“说不过，就要跑路？”

是时，一阵风来，吹得野菊花四散飘舞，空气中弥漫着菊花香，书生轻闻，缓缓回首，他轻声吟道：

待到秋来九月八，我花开后百花杀。
冲天香阵透长安，满城尽带黄金甲。

——黄巢《菊花》(一作《不第后赋菊》)

吟诵完诗句，他朗然大笑，豪气冲天地离去，留下身后一众士族子弟面面相觑。

他们这些贵族小伙子还不知道，自汉魏以来延绵数百载的门阀世家，在不久的将来，会被眼前这个离去的年轻人连根拔起，从此中国再无士族。

没人得知，这年书生若能中第，历史会不会改变，毕竟命运里容不得假设。

可命运之轮一旦开始转动，所有人都只能在既定的轨迹里，按部就班，永不停歇。

二

书生叫黄巢，曹州冤句（今山东菏泽）人。

黄家世代以贩盐为业，家境富足，黄巢自幼便有精力学习骑马射箭，还写得一手好诗。

他五岁时，侍奉祖父，正逢祖父与父亲对诗，以菊花为题，祖父沉思许久也想不到好句子，谁知幼年的黄巢开口答道："堪于百花为总首，自然天赐赫黄衣。"

父亲朝黄巢脑袋上一巴掌抽过去，就你能是不是，祖父就笑，说孙子会写诗，就是不知道轻重，遣词造句略显狂妄，来，再给爷爷重写一篇看看。

黄巢揉了揉脑袋，想了想，又朗声诵道：

飒飒西风满院栽，蕊寒香冷蝶难来。
他年我若为青帝，报与桃花一处开。

——黄巢《题菊花》

好小子，比刚才那首还狂，父亲的拳头咯咯作响，祖父倒是欢声大笑，久历风霜的他，总隐隐觉得，这孩子好像生来就带着王者的霸气，有着桀骜不驯的气质和睥睨世界的狂妄梦想，也不知这对黄家来说，到底是福是祸。

黄巢去长安考过数次科举，次次名落孙山，干脆不考了，回乡继承了祖业，慢慢地成了当地一个小有名气的盐帮首领。

自从大中末年以来，天下灾荒频频，百姓流离失所，唐懿宗早年还能励精图治，可到了晚年却任相非人、倒行逆施。在懿宗死后，年仅十二岁的僖宗柩前即位，这一个孩子，整日就只知嬉戏玩耍，宦官田令孜把持朝政，弄得天怒人怨，四海沸腾。

时有谶语“金色蛤蟆争努眼，翻却曹州天下反”，在乾符元年（874），濮阳的私盐贩子王仙芝揭竿起义，次年攻陷濮州，还击败了前来镇压他们的官军，当时河南山东皆逢水旱两灾，流民遍地，王仙芝的队伍如滚雪球般越滚越大，最终王仙芝号称“天补平均大将军”，旗下军队叫作“草军”，他们四处攻城略地，一度与官军打得不相上下。

当年正逢黄巢落第回乡，见王仙芝带领草军将山东搅了个风起云涌，他脑海浮现出在长安那些世家子弟们张扬嘲笑的面孔，于是当机立断，带领黄氏族人加入草军，反了这个腐败透顶的朝廷。

眼见关东民变，唐僖宗命令平卢节度使宋威镇压草军，王仙芝带领黄巢、尚让等农民将领奋勇作战，几场硬仗下来，把宋威打得节节败退，纵横江淮，朝廷各路节度使合力围剿，不但没能镇压他们，还让草军四处流窜吸纳流民，发展到了足足三十万兵马。

有次与官军作战，黄巢陷入重围，凶神恶煞的官军挥刀杀来，一个身影从远处撞击过来，用身体硬生生替他扛下了致命一击，鲜血溅在黄巢脸上，他嘶吼一声，呼喊着将官军杀退。

那个为救他而受伤的人叫朱温，是个小胖子，和人说话总是乐呵呵的，一副老好人的样子，因这次救命之恩，黄巢认他当了兄弟。

有时朱温会问他："我们为什么要打仗？"

黄巢眼神迷离，他站起身来，望向远方惨惨淡淡的光亮，那个抬起头张望的模样居然是抹不去的温柔。

他说："为了将来再也不打仗。"

三

唐僖宗闻知前线战事不利，就放弃了军事镇压，改用怀柔策略。

这些所谓的草贼，他们之所以造反，不就是想要权力吗？那我给他们不就完了。

在唐僖宗的授意下，朝廷开始试图招安王仙芝，让他当左神策军押牙，当皇帝本人的亲信。

王仙芝是个宋江一样的人物，对官位十分渴望，在发现朝廷向他伸出的橄榄枝后，他心动了，就要接受朝廷给他封的官爵。

可唐僖宗只授了王仙芝官职，对其他人一概未提，这就注定了这次招安将会不了了之。

而在得知王仙芝要接受朝廷招安后，黄巢径自闯入王仙芝的营帐，指着他的鼻子骂道："君降，独得官，五千众且奈何？丐我兵，无留。"招安招安，招甚鸟安！

黄巢一气之下，领着自己的嫡系出走，与王仙芝再无瓜葛，草军从此分为两支：一支由王仙芝、尚让带领，另一支由黄巢、朱温带领。

可能是命运的巧妙安排，非要让他在这个舞台独自轰轰烈烈地表演上一场，朝廷从没有招安的诚意，宋威故意以官职引诱王仙芝进入圈套，王仙芝果然中计，在黄梅一战大败，损兵五万，王仙芝战死当场，这位唐末首义的农民领袖，终还是死在了自己的天真之下。

王仙芝的余部被尚让带出来，一路逃亡亳州，找到了黄巢，如今众人都抛弃了招安的幻想，一致推黄巢为主，号称“冲天大将军”，改元王霸，从此，黄巢是天下义军独一无二的王。

黄巢一接受草军旗帜，就规划了战略，即流动作战。

换句话说，打到哪儿算哪儿，哪里的柿子软，我们就往哪里捏。

黄巢敏锐地意识到，唐朝各地藩镇独立，每个节度使名义上会听从中央的命令对他围追堵截，但实际上他们各怀鬼胎，都想要保存自身实力，所以不可能联合作战，而是各扫门前雪。既然如此，就不以攻城略地为目标，而是四处流动，吸收流民，慢慢壮大实力，等时机成熟，再瞅准机会给予唐王朝致命一击。

黄巢用这种乱拳打死老师傅的办法，在数年之间，南下北上东进西行，居然生生地把大唐的版图给转了个遍。

四

现在提起黄巢，其实都是以负面形象为主。

连宋江题个反诗，都要嘲讽一句：“他日若遂凌云壮，敢笑黄巢不丈夫。”

比方说，有人说黄巢残忍，他把活人生生碾碎当成军粮来用，但其实考证史料，会发现这些都不过是封建地主阶级给黄巢泼的脏水。黄巢之所以流动作战、转战南北，就是为了袭击朝廷在各地的粮仓，说句难听的，哪怕官军缺粮，黄巢也不可能缺粮。

事实上，黄巢起义，最初痛下杀手的全是那些朝廷的贪官污吏，对百姓几乎是秋毫无犯。他当年打浑城，亲自乔装打扮、入城打探，被官军发现，是个老人救了他。

他就让老人以及街坊邻居们买红纸，扎上灯笼，正月十五那天挂在房檐上。

到了正月十五那天，黄巢攻城，他下令只要是门口挂红灯笼的，那就是穷人，一律不准骚扰，所有人就只去抢劫那些土豪劣绅。就在次日，黄巢不但没把浑城的粮仓据为己有，还开仓放粮，把这些粮食全部分给了老百姓。

他不止一次地闭上眼，眼前浮现出这些年来抹杀过的所有人的脸，却因为旷久时间而模糊不清，他们被黄土掩埋成为森森白骨，那里的天空阴霾，充满长久不见阳光的绝望。

可他不悔，在天下糜烂的时代，圣人也只能用残忍的手段去拯救世间。黄沙肆虐，尘土飞扬，一抹黑影在这片大地穿梭而过，那是地狱的修罗重返人间，是他沉静的面容落在夕阳西下的余晖里，跌宕出最绚烂的颜色。

或许在史书上，他是个不被正统史书容许存在的乱臣贼子，唯恐天下不乱的混世魔王。他杀过许多人，可他也救过更多的人。

革命家切·格瓦拉说：“我们走后，他们会给你们修学校和医院，会提高你们的工资，这不是因为他们良心发现，也不是因为他们变成了好人，而是因为我们来过。”

黄巢也是这样的人，可能连他自己都不知道，他在戏谑微笑的时候，这个世界都安静了，正是因为他曾经来过，所以封建地主才不敢对农民过分压迫，所以即使他那笑容一点也不好看，却还是让人莫名心安。

五

广明元年（880），自起兵以来，征战了足足六年的黄巢，终于兵临潼关，迫使唐僖宗仓皇逃亡巴蜀。

长安，当年那个被你拒绝的落第书生，他回来了，带着满城的黄金甲回来了！

他严厉约束部下，不准骚扰平民百姓，却对那些世家大族毫不留情地赶尽杀绝。曾经嘲笑过他的那些门阀子弟一个个面如死灰地看向曾经那个书生，谁会想到，这个曾经他们瞧不起的家伙居然用行动告诉他们，原来几代人的积累，也可以一夕尽毁。

就好像是天宝年间的翻版，李唐的宗室大臣、关陇的门阀世家，有一个算一个，统统在闹市处以死刑，包括当年那个在科举上“举贤不避亲”的主考官崔沆。

当年安史之乱时，叛军攻陷长安，火光映红了天，大诗人韦应物眉眼间只有挫骨扬灰般的苍凉，不知道该如何去形容那种绝望。

可却不想，一百多年后，他的后代韦庄亲历了长安的再一次沦陷，一场大唐的救赎与毁灭之旅，竟开始于一场大火，结束于一场大火。

昔时繁盛皆埋没，举目凄凉无故物。
内库烧为锦绣灰，天街踏尽公卿骨。

——韦庄《秦妇吟》（节选）

黄巢征战的这些年，每过一处，都会毫不留情地将当地的门阀世家残忍屠杀、连根拔起，管你是山东士族，还是江南世家，抑或关中门阀，反正只要是心怀唐朝、意图抵抗的，就是一个杀。

自从魏晋南北朝以来，这些门阀士族一度主导着中国的政坛，即使到了隋唐，九品中正制被废除，可在观念上这些世家子弟依旧凌驾于寒门之上。

有观点认为，科举制的出现不但没有消灭门阀，反而被门阀当成与朝廷利益交换的工具，给他们延续了一波命。这点看看晚唐的科举现实就知道了，进士名额几乎都被世家大族所垄断，社会阶级固化严重，如黄巢这样的寒门，靠自己努力根本没有翻身的可能，所以要打破这样的不公，不但要打败明面上的大唐朝廷，更要消灭掉在暗地里操控一切的门阀世家。

这些曾经都是指引黄巢一路坚强下来的力量，是他在前方永不妥协地盼望着，才会一路跌跌撞撞地走过生命的阻拦，最终成就了所谓的"黄巢革命"。

那年的黄巢在长安称帝，国号大齐，建元金统，好似一个新的王朝即将冉冉升起。

但正如当年安禄山打进了长安，还是被唐肃宗反推回来一样，黄巢有这么个前车之鉴，自然也不敢大意，于是派遣尚让领着一部分军队追击唐僖宗，斩草势必要除根。

唐僖宗如当年的唐玄宗一样，在长安丢了以后逃到了巴蜀，他打算复制先祖的反扑过程。想当年，唐玄宗流亡巴蜀，但唐肃宗却前往凤翔，安定了人心，实现了反扑，最终收复长安。

唐僖宗不敢学唐肃宗那样亲临凤翔一线，却可以派遣一能臣镇守凤翔，这个人就是郑畋。这名字或许不熟，但他的父亲，就是李商隐誓死也要追随的那个郑亚。

郑畋一到凤翔，便安定军心，图谋收复长安，可他还没动，黄巢派遣的尚让已经率领齐军杀奔而来，一场恶战一触即发。

尚让是义军的老资格，当初王仙芝首义的时候，他就是元老，后来王仙芝战死，就是他带领着草军的余部投靠了黄巢，可以说他就是当下齐军的二把手，也算得上是身经百战。

草军刚刚起义的时候，几乎被官军撵着打，可随着黄巢流动作战，势力越来越大，双方的实力开始此消彼长，黄巢自乾符六年（879）起，就从开始的屡战屡败，变成了百战百胜，还一度打败了晚唐的将星高骈。所以在此刻的尚让眼中，面前的郑畋不过是一个不谙兵事的书生而已，因此轻敌冒进，放开手带领大军扑了上去。

他很快遭遇到了顽强的抵抗，战争持续了半日，杀得血流成河，还不见进展，尚让愤怒了，他抽出马刀，红着眼睛亲自纵马杀入战场。

可没过一会儿他就后悔了，只见官军中有一个年轻人瞅准了自己，顿时连过数人，疯狂地向他冲来。那年轻人一刀砍下，他额头上的鲜血汩汩而出，好像所有动作都停住了，他只是睁大了眼睛，静静地望着前方，恐惧慢慢地爬上了自己的心脏。

多亏他的部署将他从鬼门关拉了回来，可这场战争已经一败涂地，想起刚才疯子一样追着自己砍的小伙子，他就心有余悸，连忙整兵朝长安退去。

直到后来尚让才知道，那个小伙子名叫宋文通，多少年后，他将有一个威震西北的名字——李茂贞。

六

尚让在凤翔的失利，令黄巢始料未及。

中和元年（881），黄巢眼见官军齐整杀来，他领军迎战，可这时候，长安的老百姓居然也开始帮起了官军，与他们一起进攻黄巢。

黄巢呆住了，他不明白，这些老百姓为什么要帮那些官府来对付他？他是杀了很多人，可从来没有杀过任何一个老百姓啊，甚至他还会劫富济贫，把那些贪官污吏的钱分给大家，可大家转头就和那些贪官污吏联起手来排挤自己？

这应该是黄巢此生最绝望的时刻，浑身上下都是凌迟般的疼痛，身体几近碎裂，蒙蔽双眼的恨与无奈充盈着被刺穿的心。

在官军的进攻下，黄巢决定先避其锋芒，自己主动退出长安，驻军霸上，再观望时变。

可讽刺的一幕很快就出现了。

长安的老百姓自发帮助官军赶跑了黄巢，只是因为他们在大唐治下生活得久了，觉得天经地义，故而对黄巢这么一个外来户有种天然的排斥；另外一点，就是老百姓也是被裹挟，谁赢他们帮谁，而当时唐军显然赢面大，所以他们自然是站在了李唐一边。

他们爱大唐，大唐爱他们吗？

官军王者归来，不但没有好好安抚百姓，居然开始趁乱抢掠，这些原本应该保家卫国的将士，在长安以及周边奸淫掳掠，连站在李唐这边的韦庄都觉得这很可笑：黄巢来了，老百姓的钱好歹还能剩下一半；官军来了，老百姓直接倾家荡产！

千间仓兮万丝箱，黄巢过后犹残半。
自从洛下屯师旅，日夜巡兵入村坞。
匣中秋水拔青蛇，旗上高风吹白虎。
入门下马若旋风，罄室倾囊如卷土。

——韦庄《秦妇吟》（节选）

黄巢可没有走远，眼见官军志得意满，开始在长安肆意妄为，他意识到时机到了，果断就杀了个回马枪。

那些官军还在烧杀抢掠，自然军纪涣散，面对黄巢突然的回击完全没有抵抗之力，一败泄千里，长安再次被黄巢夺了回来。

这次，黄巢再看向那些老百姓，他内心深处最后一次人性的怜悯终于被泯灭。人所信仰的，太脆弱了，在遭受过背叛之后，终将荡然无存。

他眼神冰冷地下令："屠城！"

当年安禄山没有屠城，吐蕃人没有屠城，朱泚也没有屠城，可现在黄巢却下令将长安血洗一空。自此以后，长安，这座承载着厚重历史的十三朝古都，终于结束了它作为帝京的使命，从此退出了古代王朝定都首选的历史舞台。

七

官军先胜后败，长安得而复失，这让唐僖宗倍感愤怒，他终于下定决心，召集一切可以召集的兵马，一定要给朕把长安夺回来。

而唐僖宗最寄予厚望的一路兵马，正是关外的沙陀部族军，而这支军队的统帅，叫李克用。

中和二年（882），李克用奉旨南下勤王，将齐军打得落花流水，而这边各路藩镇节度使的兵马也纷纷汇集长安。黄巢本来还想殊死抵抗，可下一刻，他就得知了一个消息：朱温叛变了。

或许曾经说要效忠他的誓言真的就只是一时失言，那个曾经跟在自己背后说要助他打下一个天下的小胖子，终于还是别过了头与他分道扬镳。

面对崩坏的局势，黄巢意识到长安已非久留之地，于是率军撤出了长安，他用他耀眼的瞬间演绎了一场极致的盛景，可他的倒影却是无法遏制的苍凉。我不知道他离开长安的那一刻在想些什么，也许任何的文字都是无力的，他唯有拼命地喊，大声地喊，来宣泄心里的不舍和悲愤。

他一路向徐州逃窜，而李克用和昔日的挚友朱温，就在身后紧追不舍，义军渐渐被打散。他以为自己即将死掉了，谁知李克用和朱温突然在一次酒局上发生了口角，最后直接发展成了双方兵戎相见。唐僖宗面对这样的情况就和稀泥，各打五十大板，这个判决李克用当然不服，当即领军撤回山西，拒绝奉诏继续追击黄巢。

就在黄巢以为自己可以喘口气的时候，义军的元勋，尚让也带队叛变了。

看到军情的黄巢没有说话，也不动，好像是认命了，可是为什么要认命，他这算是忏悔吗？曾经有多少人前赴后继地赶来救他，多少人为他血流成河，现在却是众叛亲离，义军慢慢被打散，最终他们被官军围困狼虎谷。

那时的他已然时日无多，却孤傲得像主宰世界的王一般，就那样居高临下地站着，我竟读出孤勇的感觉。

那是他的最后一战，也是人生的最后一战，破釜沉舟，背水一战，不顾生死。他黄巢也会死吗？至少以前他没有想过，他是那样桀骜不驯的天之骄子啊，他有着那么多在乎他的人愿意抛弃生命为他而战，他怎么会死呢？

可现在真的大势已去，尸山血海里那一抹张扬的笑，那是他不可一世的狂妄，霸道忘我又任性。

他环视着最后跟随他不离不弃的几千亲兵，这些是一直以来爱着他相信他到最后的人，他谢谢他们。如果这就是结局，来不及再看最后一眼，他的眼泪隐忍了那么久，他自己都不敢回头，倔强到不允许自己落泪。

黄巢自杀了，他将头颅给了外甥林言，让他以自己的首级，换取这几千义军的生路。

他无法肯定这样的结果是不是自己想要的，他自私地以为只要牺牲自己就可以保全他们。原来到了最后一刻，我才读懂他，他这一生只为他们而来。

中和四年（884），唐末农民军起义领袖黄巢兵败身死，时年六十五岁。

八

黄巢没能推翻大唐王朝，却为它敲响了灭亡的丧钟。

现在，我们可以捋顺一下中晚唐的历史。

自安史之乱以后，唐朝遭受致命的重创，却可以一直半死不活地延续近一百五十年，是因为中晚唐的每代统治者，在不断的失败中总结出了一套续命公式。

那就是以藩镇制藩镇，达到整体局势上的均衡，故而有言："夫弱唐者，诸侯也，唐既弱矣，而久不亡者，诸侯维之也。"

首先，是最初割据的河朔三镇，在唐宪宗时期被短暂压服，可到了唐穆宗初年又叛，此后中央再无力征讨，于是就选择纵横捭阖，以藩镇遏藩镇，最终达成了一种中央与地方间诡异的平衡。

比方说，三镇自身也不是铁板一块，幽州镇与其他二镇向来不和。而魏博镇则被河东、昭义、河阳、太平、横海、义武等藩镇锁死在河北，任他魏博牙兵再桀骜不驯，也不可能突破这个包围网。成德镇则是河北三镇中最恭顺的一个，只要中央不主动招惹，他们一般不会搞事。而自从唐宪宗的二次削藩成功后，中原内地的藩镇被一一翦除，所以直到黄巢起义前夕，中央指挥不动的割据藩镇，也仅仅只有河朔三镇而已。

在这样连环的藩镇制衡格局下，唐德宗推行两税法，用东南的财赋在中央养了一支强大的神策军，用来震慑各路藩镇，神策军的战斗力大概相当于两三个藩镇，所以唐朝才可以以此为屏障，居中调解各路藩镇势力。这时候一旦某个藩镇有异变，中央就可以迅速反应过来，让神策军以及就近藩镇合力将之扑灭，就如唐武宗时期昭义军的刘稹之乱。

然而，黄巢的起义，却打碎了唐朝百年来苦心经营的藩镇平衡格局，他四处流动作战，一度突入东南，把朝廷的财赋来源地变成了战场。失去了东南经济的输血，唐朝的财政就崩掉了，而转眼黄巢又连陷两京，成建制地消灭了中央赖以震慑藩镇的神策军，拔除了唐朝的统治基础。

在长安失陷以后，唐僖宗逃亡，这造成了地方藩镇纷纷自发勤王。在这一过程中，原本均衡的格局彻底被义军搅成了一团，唐朝各路藩镇逐渐走向失控，而没有了赋税与神策军的唐昭宗，也只能坐等这些藩镇慢慢膨胀，最终将整个李唐王朝埋葬。

黄巢没能亲眼看到唐帝国的覆灭，但他又实实在在地造成了唐朝的灭亡。他的生命如同一场绚烂的夏花，绽放过后就匆匆离开了这个充满遗憾的世界，至少，他这一趟，真的不虚此行。

九

黄巢是受非议的人物，喜欢他的人爱他多年成了习惯，讨厌他的人恨他多年也有了感情。

有时候想，是不是他给的感情太深了，好像能够理解，却又无法明白透彻，如果他只是一个单一的人物就好了，偏偏他是个复杂的矛盾体。

小时候看电视，总喜欢问大人电视里的是好人还是坏人，有时候他们就说，不好也不坏。我很茫然，这世上除了好人和坏人，还有第三种人吗？

现在仔细想想，我觉得黄巢大概也是第三种人。

记得以前看《水浒传》，都会敬佩梁山好汉，可后来人们说，梁山好汉都是一群匪徒、强盗、杀人魔，还列举出一系列的证据，来论证宋江虚伪、吴用奸诈、李逵残忍等。我也一度被这类话术所迷惑，但我更想知道，即使《水浒传》是小说，施耐庵为什么要把梁山好汉写成这样，毕竟，反正都是虚构的人物，完全可以把他们写成十全十美的样子。

只能说，那都是施耐庵故意的，他就要把这些梁山好汉，写得不那么完美无缺，甚至有点暗黑。

因为，《水浒传》的主题只有一个：官逼民反。

你觉得梁山好汉都是一群强盗，可你为何不想想，到底是什么东西，把他们逼成强盗的？

真正可怕的，从来不是恶魔，而是能够制造恶魔的环境，这也往往是会被人们刻意忽略的。所以，施耐庵用一种悲天悯人的写法来描绘这些梁山好汉，他们的确有的很残暴，可这种残暴，恰恰是被那个黑暗的世道被逼出来的，这种“不完美”，本身就是时代迫害他们的罪状之一。

就在黄巢覆灭后不久，官军也没按照他们答应的，还是一律处死了他身边的亲兵。

就在当年，唐僖宗在大玄楼举行受俘仪式，武宁节度使时溥献上黄巢首级，还有黄巢在大户人家抢去的二三十个姬妾。

唐僖宗宣召她们，问：“你们都是勋贵子女，世受国恩，何为从贼？”

居首的女子对答：“贼寇逞凶叛逆，国家以百万之众，不守宗庙，逃亡巴蜀。如今陛下以抵抗不住贼寇，而来责备一女子，置公卿将帅于何地？”

一个帝国的君王，满朝的公卿大臣、文官武将，他们不去好好反思这场浩劫因何而起，不去想一想为何一个私盐贩子可以聚拢百万大军，在六年之间纵横南北、连破两京，天子西逃，却好意思去质问一群女子——你们为啥不为家族殉节呢？

这样无耻的朝廷，也配存在于这个世间？

所以那女子才会反问，国家有难，你让我们殉节，那请问，作为造成这一切的罪魁祸首，你们这些昏君奸臣，怎么就不殉国呢？

唐僖宗被质问得哑口无言，就下令把她们屠戮于闹市，既然解决不了问题，那就解决掉提出问题的人。

临刑时，刽子手都同情这些女孩，让她们喝醉了再行刑，这样不疼。这些女孩一边喝酒一边哭泣，在醉梦中受死。而那个将皇帝嘲讽到无言以对的女子，则不哭也不醉，在从容中就死。

看到这一幕，如果还有人苛责黄巢，说你怎么可以杀人呢，怎么可以造反呢，怎么可以屠城呢……那我只能引用杜甫的一句话：“尔曹身与名俱灭，不废江河万古流。”

故事是怎么开始的已经语焉不详，只是我不舍让这样的故事随身体一起烂死腹中。如果说人生是一场死生契阔的游戏，我甘愿为黄巢的故事写一个结局。他的征途止于狼虎谷，那一日，他的身侧是用双手撑起的蔚蓝的天空。

我会让时光定格这一刻，让刀剑和笔墨记录着他永世不朽的传奇。

番外篇

白居易的爱情故事

一

很久以前，一个文艺女青年给我发私信说：“白居易真是个渣男啊。”

那一刻，我竟认为她说得很有道理，无法反驳。

在我印象里，白居易撩起妹来，确实是炉火纯青、挥洒自如，简直堪称我辈之楷模。

不论是在浔阳江头，还是鄂州河畔，他总能邂逅某个落单的少妇，而且每次搭讪还老是同一个套路：“姑娘，我这里有酒，你有故事吗？”

你就说说，中国上下五千年，有几个诗人像他这么骚气的？

时过境迁，如果换作如今，她再来问我，白居易到底是不是个渣男？

我可能会沉默，不知道该如何去告诉她。

因为有些事情，连我自己也不清楚答案。

就如同多少年前，我并不知道，白居易放浪形骸的背后，原来是这么一个烂俗且虐心的故事。

二

贞元六年（790），少年回到了符离。

这些年来国家并不太平，藩镇割据，到处都是兵连祸结，父亲是官员，职责所在，走不脱，所以他让妻子带着孩子们回乡避避风头。

少年自记事起，就跟着父亲四处奔波，如今回到了符离，难得安稳，在母亲的教导下，他开始和兄弟们一同发愤读书。

母亲很严格，不让少年和村子里的小孩玩，只准他读书。

她对少年说："你是官吏子弟，总有一天要去考科举、当大官，不可以和那些低贱的孩子混在一块儿！"

他很听话，认认真真去读书，白天学诗词歌赋、晚上背儒家经典，昼夜不懈，到后来，他的舌头生了疮，手磨出了茧子。

他老老实实走上母亲为他安排的路，不敢有半点违背。

可年少懵懂的心，还是让他在读书之余，用期待的目光看向窗外。

他看别人家的孩子爬树、捉鱼、荡秋千、跳山羊……那些欢声笑语不属于他，这点他清楚，却并不妨碍他对天性的向往。

直到那天，他在路边散步，一个轻灵的身影就这般毫无预兆地出现在他的视线里。

那是一个明朗欢快的少女。四野荒芜寂静，唯她生机勃勃，翩然荡漾在春风里，洋溢着数不尽的温柔。

那一眼，她给他的感觉是云中烛火，是豆蔻芳华。就犹如一道光，猛然扑进了他沉寂的内心，亮得耀人。

也许就在第一眼看见她时，他就已经爱上了，只是彼时浅薄的阅历还不足以让他明白，那是爱情的模样、心动的感觉。

少女的身影渐行渐远，自小就孤僻的少年，不愿错失这触手可及的缘分，竟不知从哪儿借来了勇气。

他急忙冲上前去，脸憋得通红。

他说："你好，我我我我叫白居易，想认识一下你。"

那年，他十九岁，她十五岁。

初见。这一卷青史，终是开了章。

三

少女是白居易的邻居，有个好听的姓名，叫湘灵。

湘灵是贫寒家庭的女儿，眉梢总是挂着笑，她说起话来轻声细语的，声音如银铃一样好听。

穷人的孩子早当家，湘灵不似贵族家的闺秀，自小就扛起了家庭的重担，也会经常在田野里撒开脚丫子嬉戏。

湘灵认识不少村里的男孩，可像白居易这样的，她还是第一次见。

她鼓着腮帮子想，这个小哥哥身体好瘦弱，一看就干不了农

活，这可怎么办呀？唔，不对不对，小哥哥是读书人，认识字的，将来会去当大官、骑大马，才不用干农活的。

她每次出门，都会下意识地看向那个窗篱，每次都正好对上他慌忙躲开的眼神。

湘灵不知道，其实每天白居易都会早早起来，就坐在窗口的书桌旁，也不看书，而是注视着她家的方向，直等到她身影出现的一刹那，他才会心满意足地开始新一天的学习。

有时，湘灵也会大着胆子走过去，捧着脸蛋，看向在窗边读书的白居易。因为她发现这个小哥哥的眉眼真好看，白白净净的，和村里的其他男孩子都不一样。

白居易的脸都快烧起来了。

她歪着头，背着手，笑嘻嘻地唤白居易："大白。"

那天，她的笑容映在他的眸子里，温暖而纯粹。

他心头一动，想送给她一首诗。

湘灵惊讶，没想到大白不但认字，还会写诗呢，这也太厉害了吧……在她的理解中，诗都是那些大人物才会的东西呢。

白居易清了清嗓子，说：

娉婷十五胜天仙，白日姮娥旱地莲。

何处闲教鹦鹉语，碧纱窗下绣床前。

——白居易《邻女》

他知道湘灵没念过书，所以尽力让自己的用词通俗点，再通俗点，通俗到让面前这个女孩子能听懂的地步。

他说，邻家有个小妹妹，十五岁就出落得亭亭玉立，比小仙女还好看。在碧纱窗下绣床前，悠闲的时间，她聆听着我为她而作的诗篇。

湘灵听懂了，她的脸颊泛起红晕，宛如平静的水面被激起的涟漪，却也让看着她的白居易，内心之中搅海翻江、奔腾千里。

四

在没遇见湘灵之前，白居易本是不知道何为爱情的。

他以为男大当婚、女大当嫁，父母之命、媒妁之言，可自从遇见了她，白居易开始明白，什么叫非卿不娶、之死靡它。

他对湘灵的爱日益加深，就如饮了酒般，醉得不能自已，双眸只能凝尽一人，心也只会因她而悸动不已。

白居易送给湘灵一面镶锲着双盘龙的铜镜，他说，曾有个大诗人，叫刘希夷，他给心爱的女子写过一首诗——愿作轻罗著细腰，愿为明镜分娇面。

他送给她明镜，也剖开了少年的心意。

湘灵收下了镜子，爱情在他们的心头萌芽，渐渐长成了一朵缠绕着彼此的花。

少年就这样私订了终身，他们在不知名的花海里奔跑嬉戏，直到月光倾城，白居易看到湘灵熟睡的样子，满眼笑意。

这段感情很快被白居易的母亲发现。

烂俗的情节再一次出现。母亲认为，白居易总有一天要踏上仕途，娶的必须得是高贵门第的女子，所以，她果断棒打鸳鸯，绝不

认可出身卑贱的湘灵。

白居易并没有退缩，这是温柔的少年第一次尝试去反抗他的母亲，有着从没有过的倔强。

约贞元九年（793），白居易的父亲迁任襄阳别驾。此时国家的局势也大体安定了，母亲决议带着一家人前往襄阳。

如此，离别终究是来了，无可阻挡。

走的那天，这对恋人执手相看泪眼，无语凝噎。湘灵将那面铜镜还给了他，说："我等你将它再次给我。"

白居易接过镜子，沉默不语，他重重地点了点头，留下了他离别之际写给她的诗。

他经常给她写诗，每当那时候，湘灵就支起下巴静静地听，目光里满是崇拜，而今天这首《留别》，很有可能是他给湘灵写的最后一首诗了。

秋凉卷朝簟，春暖撤夜衾。
虽是无情物，欲别尚沉吟。
况与有情别，别随情浅深。
二年欢笑意，一旦东西心。
独留诚可念，同行力不任。
前事讵能料，后期谅难寻。
唯有潺湲泪，不惜共沾襟。

秋日凉了就要卷起竹席，春日暖了就要收起被子。

你看，就连这些无情物，分别的时候都有些让人舍不得。

更何况是和你呢？

这两年我们度过了多少欢乐的日子，多么缠绵的情谊，却不想，突然就要各奔东西。

虽然我也想留下，甚至带你一起走，但以我现在的能力还做不到。

以前谁能预料到今天呢？

未来会怎样我也不知道。

只有那双眼不断滚落的眼泪，在不停地打湿你我的衣襟。

马车咕噜噜的声音在耳边响起，白居易趴在车栏上。他努力地睁大眼睛，眼看着湘灵单薄的身影渐渐变小，最终消失不见。

他的泪水溢满脸颊。

路途上，每当经过高处，他就下意识地回头，仿佛那个熟悉的倩影就在身后一般。

他寄给她诗，题目就叫《寄湘灵》，这是他第一次在诗中留下爱人的名字。

泪眼凌寒冻不流，每经高处即回头。
遥知别后西楼上，应凭栏干独自愁。

在襄阳，因父亲是别驾，白居易的生活水准一下子提高不少，终于不用再过符离时的苦日子了。

可他还是不开心。

他忘不掉，忘不掉一个宛若天仙的少女，他忘不掉她捧着脸看他时的眼眸，忘不掉她听自己吟诗时的认真，更忘不掉自己离开时，她泪眼婆娑、茕茕孑立的无助。

夜半衾裯冷，孤眠懒未能。

笼香销尽火，巾泪滴成冰。

为惜影相伴，通宵不灭灯。

——白居易《寒闺夜》

夜深人静的时候，那些梦中的每一个片段，就好像是刀切在肌肤上，泛着阵阵钝痛。

那无处言说的秘密还有那田地里溅上泥泞的笑脸，在黑夜的缝隙里，像不知疲倦的时光一步步把他们推向未知的未来。

五

贞元十年（794），白居易的父亲去世，一家人再次回到了符离。

按照礼法，白居易要披麻戴孝，在家丁忧近三年，故而虽然恋人再次相见，他也不敢冒天下之大不韪去和湘灵私会。

二人只能犹如初识一般，在窗篱下，眉目传情。

直到贞元十三年（797），白居易丁忧完毕，这年他二十六岁了，湘灵也二十二了，在提倡早婚的大唐，其他男女在这年纪时娃都有好几个了。

他鼓起勇气，恳求母亲让自己把湘灵娶回家。

母亲不许，还勒令他不准再和湘灵来往。

她对白居易说："你娶的应该是对你前途有帮助的女子，你要娶一个村姑，岂不是让别人笑话咱们白家？”

在中古社会，父母之命、媒妁之言，才没什么自由恋爱，只要母亲不点头，白居易是没办法迎娶湘灵的。

他的苦涩无法言说，只能写成文字，如贞元十四年（798），他借湘灵的视角写成的那首《长相思》：

九月西风兴，月冷霜华凝。
思君秋夜长，一夜魂九升。
二月东风来，草坼花心开。
思君春日迟，一日肠九回。
妾住洛桥北，君住洛桥南。
十五即相识，今年二十三。
有如女萝草，生在松之侧。
蔓短枝苦高，萦回上不得。
人言人有愿，愿至天必成。
愿作远方兽，步步比肩行。
愿作深山木，枝枝连理生。

我住在洛桥北，而你住在洛桥南。

认识你的那年我刚满十五岁，如今却已经二十三了。

我就犹如生长在松柏旁边的松萝，无论我的藤蔓如何去攀岩、萦绕，都无法跨越家世门第的那道坎。

人家都说，一个人只要有愿望，老天都会成全他。

那么我愿成为远行的走兽，跟随在你身边，每一个脚步都和你并肩而行。

那么我愿成为深山的乔木，陪伴在你身旁，每一条枝丫都和你连理生长。

你看看这首诗的最后一句："愿作深山木，枝枝连理生。"

有没有想到什么其他类似的句子？

是《长恨歌》的名句："在地愿为连理枝。"

所以，白居易的《长恨歌》，写的到底是杨贵妃和唐明皇，还是湘灵与自己呢？

六

我们在某个时期，总想唱某首歌曲给某个人听，或者承担不起某些结局，就会拿某些歌曲来记录自己的心情。

白居易也一样，他写过很多讽刺门第婚配、男尊女卑的诗歌，如《议婚》《朱陈村》等，以前的学者怎么也闹不明白，到底是怎样的经历，让诗人养成了关注妇女命运的习惯？

可我们明白，这一切，都是他对自己过往愤懑的宣泄。

门第，就是因为所谓的门第，他就要和湘灵错过！

他不甘心，母亲不就是因门第可以对他有助力吗？那好，如果他可以凭借自己的力量入仕，向母亲证明即使不需要联姻自己也可以当官的话，那么母亲会不会认同他和湘灵的爱情？

想到这里，白居易猛然间仿佛抓住了什么。

他的眼前豁然开朗，对啊，只要结局完美，过程如何曲折又有什么关系？

他更加发愤读书，贞元十五年（799），白居易考过了乡试，在宣城，他结识了弘农杨氏的子弟杨虞卿。

杨虞卿见白居易年近三十竟还单身，有意把从妹介绍给他，白居易当然婉言谢绝。

次年，白居易进京赶考，终于进士及第，那一年，他二十九岁了。

他欢天喜地地回到符离，以新科进士的身份，求母亲同意自己将湘灵娶回家。

母亲还是拒绝，她说："进士？这算个什么官？"

白居易愕然，的确，唐朝与后世的明清不同，科举制还很不完善，你纵然考中了进士，也只是代表你有做官的资格，而不是直接就能去做官，只有等到有空缺了，吏部才会来找你替补。所以在唐朝，那些中进士后在家等了好几十年才当上官的也大有人在。

母亲并不认可他的进士身份，白居易一咬牙，为了湘灵，他拼了，回到长安再继续考。

其实有的时候，结局一旦注定了，此前的挣扎才会显得分外残忍。

重回长安，白居易认识了一个新朋友，叫元稹。

元稹也是考生，只不过中的是明经科，他和白居易一样，也打算继续去吏部参加考试。

二人结为知己好友，在长安一同攻读，也写诗互相唱和。

那段时间，每到夜深人静、万籁俱寂时，元稹与白居易便躺在榻上，辗转难眠。

艳质无由见，寒衾不可亲。

何堪最长夜，俱作独眠人。

——白居易《冬至夜怀湘灵》

漫漫长夜，他们缅怀着自己逝去的青春。

七

贞元十九年（803），白居易与元稹双双过了吏部的考试，被授予了校书郎。

有了官身，白居易决心把家迁到京城，这年隆冬，他赶回符离老家，再次请求母亲答应他与湘灵的婚事。

他都三十二了，湘灵也二十八了，他们拖不起了。

母亲还是不同意。

陈寅恪先生说过："盖唐代社会承南北朝之旧俗，通以二事评量人品之高下，此二事，一曰婚，二曰宦。凡婚而不娶名家女，与仕而不由清望官，俱为社会所不齿。"

可见在唐朝，男人所娶妻子的门第出身，是和他自身人品相连在一起的，如今白居易已高中进士，再娶上一个名门女，以世俗的眼光看，这人生就圆满了，而倘若他不顾一切娶了湘灵，那么就相当于是毁了他的下半生。

白居易的母亲陈氏，据说还是白父的外甥女，二人是近亲结婚，本就是联姻的产物，婚后感情生活可想而知。这样不圆满的感情让母亲的性格十分偏激，她只要认定了白居易必须娶一个门当户对的女孩，就绝不允许他和湘灵有来往。

母亲的决然彻底摧垮了白居易的防线，他去找湘灵，却不知道自己该说什么。

这个女子等了她十三年，如今的自己却还是无法给她一个交代。

他不敢看她的眼睛，只能低声说："我要走了，去长安，再也不回来了。"

面前的湘灵却忽然笑了，明明泪水潸潸，可脸颊上满是笑靥如花。她好似早就料到了会是这样的结局，因为自己的身份太过低贱，这辈子是不可能与大白在一起的。

她送给白居易一双鞋子，是她亲手做的，她希望自己的爱人穿上，仿佛就是自己陪伴在他身边，陪他看日升月潜，陪他看沧海变迁，陪他将这大荒走遍。让它代替着自己，去聆听他往后余生所抒写下的每一首诗篇。

这双鞋子，就是她给这段爱情的答案。

听闻爱情，十有九悲，白居易也终究是走了，他什么也没有留下，除了这首《潜别离》。

不得哭，潜别离。
不得语，暗相思。
两心之外无人知。
深笼夜锁独栖鸟，利剑春断连理枝。
河水虽浊有清日，乌头虽黑有白时。
唯有潜离与暗别，彼此甘心无后期。

不许哭泣，我们就要离别了。

不许倾诉，只能偷偷去想念。

别离之后，你还会爱我吗？

无尽的黑夜囚禁了比翼鸟，无情的利剑斩断了连理枝。

河水浑浊，但也有变清的一天，再乌黑的头发，也总有一天会白去。

算了吧，算了吧，既然选择了离别。

那么，我们后会无期。

八

贞元二十年（804），白居易把家迁到了长安。

跟他一起的还有好友元稹，元稹告诉他，自己负了崔莺莺，不久将迎娶京兆韦氏的女儿。

还不都是为了仕途。

曾经的他们都以为，这世界是公平的、美好的，生辰许下的愿望会实现，童年的朋友会相伴一生，青春的挚爱也可以自始至终地在一起。

可后来才发现，牵了手未必是一辈子，也没有谁可以与谁相守到永远。

于是到了最后，以前炽热的不顾一切的两个人，还是辜负了他们深爱的姑娘，以及曾经少年时，那个眼中有光的自己。

他们把过去的纯真留在了现在，拖着失去了灵魂的躯壳，朝向不见尽头的未来，继续踽踽独行。

盛大的婚宴上，在众人的喝彩与簇拥中，新郎官元稹喝得酩酊大醉、满面红光，有同僚打趣他，说："元微之，能娶到京兆韦家的女儿，可当真是好福气啊。"

元稹听了，放声大笑，好似得意之情溢于言表，可笑着笑着，嗓子突然就哽咽，泪水竟夺眶而出。

他忽然就趴在桌子上失声痛哭，众人惊呆了，可任大家怎么去劝，他都死死地抱住桌子，无论如何也不撒手。

众人奇怪，今天分明是大喜的日子，元稹哭什么？

旁边的白居易沉默了一会儿，说："有可能是太幸福了。"

随即他低下头，轻轻地说："或者是没能娶到年少时，他最想娶的那个姑娘吧。"

元和元年（806），白居易调任盩厔县尉，也进一步地贴近劳苦大众。忙碌冲淡了他对湘灵的思念，让他把更多的精力放在了公务上，譬如，他那首脍炙人口的《观刈麦》，就写于此时。

有人说，治愈失恋的最好办法，就是给自己找点事情做，公务上的忙碌冲淡了白居易对湘灵的思念，也让他渐渐走出了那片伤感的阴影。

有一次，他与朋友在仙游寺散步，众人不知怎么，就聊起了当年唐明皇与杨贵妃的爱情故事。

朋友说："乐天，你文采这么好，不如你以此为题，作一首诗怎么样？"

白居易欣然应允，挥毫泼墨，就开始写。

其实按他朋友的本意，是想让他批判一下唐明皇因耽于美色而误国的事，一开头他也确实是按照这个思路去写的。

可写着写着，一个模糊的少女身影就忽然浮现在他的脑海，他

的笔锋，在不知不觉间，变了。

七月七日长生殿，夜半无人私语时。
在天愿作比翼鸟，在地愿为连理枝。
天长地久有时尽，此恨绵绵无绝期。

——白居易《长恨歌》（节选）

名垂千古的《长恨歌》应运而生，收获了百代读者的赞叹，人人都以为，白居易写的是唐明皇与杨贵妃。

唯有他自己明白。

那个七月七日，记忆中的你曾与我夜半私语，我们彼此许诺，要成为比翼双飞的鸟、连理错结的枝。

可是爱情最终还是消逝了，不论是上穷碧落下黄泉，都无法再寻见。

哪有什么天长地久？

只有无穷无尽的遗憾，在一个个无法入眠的深夜，让我一遍又一遍地记起，一遍又一遍地刺着我的心！

九

元和三年（808），白居易终于结婚了。

这一年，他三十七岁。

莫说在唐朝，就算是在当今，三十七岁才成婚，也实属罕见。

有学者说，白居易成婚晚，是因白家的家风所致，反正在钻研学术的专家眼里，大诗人怎么能有小资情调呢？

可我们很明白，白居易这么晚成婚，全是为了他的湘灵。

三十七岁了，他还是没能把心爱的湘灵娶过门，而是和好友杨虞卿的妹妹成了一对。

新过门的妻子出身弘农杨氏，门第比白家还要高，母亲看着新媳妇，喜得合不拢嘴。

只有白居易的眸子里，满是落寞。

我们还能看到，就在成婚的前一年，白居易有一晚住在杨家，留下了一首诗，这首诗的名字，就叫《宿杨家》。

杨氏弟兄俱醉卧，披衣独起下高斋。
夜深不语中庭立，月照藤花影上阶。

夜半无人，杨氏兄弟早已经入眠，他却披上衣服，推出房门，独立于中庭，不言不语，一双眸子直直地看向悬于天空的圆月。

全诗没有写他的心理活动，但我总觉得，他应该是在想故乡的那个人。

其实，很多时候，让你撕心裂肺的从来都不是什么人的离开。

而是你曾经所憧憬的一切，都在一个瞬间全部坍塌了。

婚后的生活和预想的一样平淡、无波，妻子不是不好，相反，因是大家闺秀，所以一言一行都很得体。

但爱情总是不讲道理，不是你好，我就一定会爱上你。

我看过白居易写的一首赠予妻子的诗，字里行间，似乎埋怨妻子太不食人间烟火，天都寒了，都不晓得早些置备衣物。

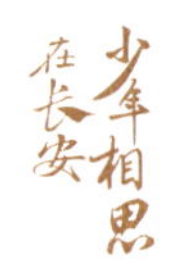

其实他也尝试着去忘掉湘灵，可是残酷的现实却冷漠地提醒着他，让他无法拭去他们曾在一起的点点滴滴。

可能就连湘灵都不知道，白居易到如今，还留着当年的那面明镜，只是常年放在匣中，镜子都锈上了铜。

美人与我别，留镜在匣中。
自从花颜去，秋水无芙蓉。
经年不开匣，红埃覆青铜。
今朝一拂拭，自照憔悴容。
照罢重惆怅，背有双盘龙。

——白居易《感镜》

元和六年（811），白居易的母亲去世了。

这个他们感情的最大阻碍已经没有了，我不知白居易看向母亲安详的面容时，究竟是一种怎样的神情，不知是爱，还是恨？抑或者，他有多爱，就有多恨。

可白居易已经四十岁了啊，他已经娶了妻子，他应该对杨氏负责，那是作为男人的担当。

这是很矛盾，但我能保证，这年，白居易心中的那个人还是湘灵，因为就在这一年的某个冷雨夜，他写的《夜雨》，毫无疑问是写给湘灵的。

我有所念人，隔在远远乡。
我有所感事，结在深深肠。
乡远去不得，无日不瞻望。

肠深解不得，无夕不思量。
况此残灯夜，独宿在空堂。
秋天殊未晓，风雨正苍苍。
不学头陀法，前心安可忘。

“我有所念人，隔在远远乡。我有所感事，结在深深肠。”

如果不是亲眼所见，我真不敢置信这种言情小说里的句子，竟是出自白居易之手。

可能真的是情之所至吧。

这首诗一如既往地通俗，不需要翻译，各位也能看懂大抵的意思，而在我看来，真正戳心的，还是最后一句“不学头陀法，前心安可忘”。

我记得，另一位大诗人王维在中年丧妻后，三十多年都没续弦，不知是否不堪忍受思念的折磨，他便沉浸于佛理，以此来寻求精神上的解脱。既然痛苦，不如忘掉吧。

而白居易却和王维不同。

他不愿意去学佛法，不愿意忘掉关于湘灵的一切。

哪怕每次记起时，都是一场痛彻心扉的凌迟，也绝不想忘了你!

十

元和十年（815），白居易触怒了皇帝，又被小人中伤，被贬到江州（今江西九江）担任司马。如果你记性够好，应该就能知道也

正是在次年，白居易在浔阳江头写就了《琵琶行》。

但我要说的不是这件事，而是白居易在被贬途中，遇到了一位故人。

正是湘灵。

这一年，白居易四十四岁，湘灵也四十岁了，当写意的过往远去，隔着时光的纱，他们的容颜与二十多年前的少男少女重合，像是经历了半生，诉说着衷情。

我们无从知晓当日的具体情景，只是双方都有家室，纵然相爱，也只能叹息一句物是人非。

而历史，也只给我们留下了名为《逢旧》的两首诗。

我梳白发添新恨，君扫青蛾减旧容。
应被傍人怪惆怅，少年离别老相逢。

久别偶相逢，俱疑是梦中。
即今欢乐事，放盏又成空。

隔了多年的悠悠岁月，他们相拥，放声大哭，让挚情睥睨了时光。

有人问，为何白居易此时不带走湘灵？要知道，他们之间的阻碍白母已经去世了啊。

我也疑惑过，也查过一些资料，说湘灵此时是和老父亲在一起漂泊于江湖，她还信守着与白居易的承诺，并没有嫁人。

但我始终没查到原始出处在哪块，考虑到这完全不合情理，所以就没有采纳，而很可能是湘灵知道白居易身边有了杨氏，不愿他因自己而为难，于是诓骗他说自己已经嫁人，毕竟，湘灵一直都是如此卑微地爱着白居易，认真且惶恐，从一而终。

退一步讲，纵使湘灵真的没有嫁人，我觉得他们没能在一起，也是可以说得通的。

我就这么说吧，在白居易和湘灵长时间的分别里，他们接触的人，瞧见的事，都是不一样的。慢慢地，他们人也会变得不一样，心的距离也就变得远了，光是靠年少时的羁绊，是无法维系这份感情的。人成长的过程总会有这样的身不由己，所以倒不如说，他们若是想真的在一起，白居易当初就不应该搬家……而对于白居易而言，现在的湘灵，很可能还不如他身边一个亲密的伙伴，她其实是活在他青春的记忆里，而不是现实中。湘灵，只是他的执念而已。

绝弦与断丝，犹有却续时。
唯有衷肠断，应无续得期。

——白居易《有感》

或许他们也曾期待过重新相遇，也曾坚信过未来会有奇迹的发生，但这些终究在静默的年华里，悄无声息地沉淀了。

十一

白居易在被贬谪江州期间，仕途不顺、心情沉郁，有一次，在庭院晾衣服的时候，忽然见到了一双鞋子。

正是当年离别之时，湘灵赠给他的那一双。

本以为尘封旧事，就可以惨淡地度过余生，却还是被生活的点点滴滴唤起了心中的憧憬，不过是些不堪回首的往事罢了。

白居易凝视这双已经旧得不成样子的布鞋，发了好一阵子呆，然后写下了一首长诗。

中庭晒服玩，忽见故乡履。
昔赠我者谁，东邻婵娟子。
因思赠时语，特用结终始。
永愿如履綦，双行复双止。
自吾谪江郡，漂荡三千里。
为感长情人，提携同到此。
今朝一惆怅，反覆看未已。
人只履犹双，何曾得相似。
可嗟复可惜，锦表绣为里。
况经梅雨来，色黯花草死。

今天在庭院晒衣物，忽而看见从故乡带来的鞋子。

这是谁给我做的呢？唔，是故乡那位邻家少女所赠。

我想起了她诀别时的话语，说要用这双鞋来代表我们爱情的始终。

但愿我们两个人，就像鞋子与鞋带一样，同行同止，相伴一生。

我如今被谪江州，离家漂泊三千里，是为了纪念我的爱人，才把它带在身边。

如今把鞋子拿起来，反复地端详，却只余惆怅。

明明鞋子还是成双成对，人却是形单影只。

更让人叹息的，是这双鞋子原本多么精致华丽，可前些天下了场梅雨，上面的色泽黯淡了，绣着的花草也枯萎了。

一如你我之间的爱情。

这首长诗，题目就只有两个字，上面也没有任何的批注。

叫“感情”。

十二

长庆四年（824），五十三岁的白居易在杭州刺史职上任满，回京述职，他特意去了符离一趟，想去看看湘灵。

伊人却已杳无音信。

白居易望向那个他们曾经初识的篱窗，一起依偎的地方，如今空空如也。

他重重地叹了口气，佝偻着离开了。

这就是历史给这段感情的最后一则记载。

或许湘灵已经死了，死在了某个不知名的深秋，没有人会记得她，甚至不知道她的离去。

可白居易想问她，这辈子你遇到我，后悔吗？

我知道答案，湘灵从来都没有后悔过，这个傻姑娘通透着呢，她早就知道了，她的大白，只是陪她走到了他力所能及的地方而已。

在这之后的白居易是个怎样的人，想必大家已经知道了。

他开始学会放荡，经常流连忘返于青楼花馆，还公然在家里畜妓，他说："不得当年有，犹胜到老无。"

当年他没有得到湘灵，如今干脆彻底放开，纸醉金迷，把所有的愤懑全都发泄出去。

看看老年白居易的诗，比如"花丛便不入，犹自未甘心"，能把不举说得这么清新脱俗，真的没谁了。

泡吧喝花酒就不说了，他与牛僧孺的赠信中，还说："钟乳三千两，金钗十二行。"

以上种种荒唐事数不胜数，正如陈凯歌在电影《妖猫传》里，借白居易的口自述："无法无天，无情无义，只认诗，不认人。"

所以，你说他是渣男，不冤，真不冤。

可有时候我却在想，原本深情的白居易为何会变得这样滥情？

我不明白，那个为了心爱女孩敢于去挑战巨龙的勇士，为什么会堕落成这样？

直到有一天，我在网上看到了这样一则热评：

当一个女人错过那个她最想嫁的人，就会变得越来越挑剔。当一个男人错过那个他最想娶的人，就会变得越来越随意。挑剔是因为，谁都不如你。随意是因为，反正不是你。

或许这就是真相吧。

白居易还是那个深情的白居易，只是他的深情，只属于湘灵一个人。

因为其他人不是湘灵，所以白居易在她们面前滥、渣、无情无义，可在湘灵面前，他始终都是那个叫作大白的暖男。

你问我怎么知道的？

因为白居易晚年这首名叫《梦旧》的诗，还是让我们看到了，有份初心，他从没有辜负。

别来老大苦修道，炼得离心成死灰。
平生忆念消磨尽，昨夜因何入梦来。

平生记忆都已经抛却了，爱情如是，理想亦如是。

那么，你昨夜，又为何要出现在我的梦里呢？

花非花，雾非雾。
夜半来，天明去。
来如春梦几多时，去似朝云无觅处。

——白居易《花非花》

两个注定不能在一起的人，上天为什么还要安排他们相遇呢？

这个答案，白居易寻找了一辈子，可我想，在某些生活的片段中，他应该早就已经知道了。

当一个人在经历过无数失去后，就不再渴望得到，在旁观过无数悲欢后，就不再希冀时光有情、相伴终老。

但若是上天再给我一次机会，明知道往后的故事浸满悲伤，我也绝不后悔与你相遇。

兄　弟

一

贞元十九年（803），白居易初见元微之，惊鸿一瞥，乱了心曲。

他逆光而来，恍若天开，张扬恣意地骑着马，在朱雀大街上招摇过市，好似铺天盖地的阳光都融进了他的笑眼里。

白居易得知，那男子叫元稹，字微之，即将与自己成为同事，一起在秘书省任校书郎。

他们一个清风明月，一个傲雪凌霜，性格本天差地别，可不想，二人交谈之下，却成了彼此的灵魂伴侣，懂得对方未曾说出口的下半句。

身名同日授，心事一言知。
肺腑都无隔，形骸两不羁。

——白居易《代书诗一百韵寄微之》（节选）

他们都是敏感的人，轻而易举地发现了对方眼底的忧伤，一样的眸子里捆绑着旁人无法触碰的过往。

他们同样的所爱隔山海，同样的山海不可平。

如果说，后来的白居易失去了爱情，也在仕途上失了意，那么他唯一的灵魂寄托，便是挚友元稹。

也正如《唐才子传》里描述的他们 ：“虽骨肉未至，爱慕之情，可欺金石，千里神交，若合符契。”

二

他们当了两年校书郎后，都嫌位卑职微，不能一展胸中抱负，于是约定再去考制举。

他们与世隔绝，携手入住华阳观，在那里一起复习、互相监督、共同备考。

制举考的是策论，也就是对时政的看法。二人凭借在秘书省阅遍群书的经验，一同探讨国家大事，并把他们二人的政治主张撰写成册，名曰《策林》。

在闲暇的时候，他们又一同看雪看星星看月亮，从诗词歌赋谈到人生哲学，晚上就同床共枕，有一搭没一搭地聊天，困了就闭上眼睛听彼此的呼吸声，在不知不觉中进入梦乡……

白居易写诗 ：“光景嗟虚掷，云霄窃暗窥。”

翻译过来，就是 ：微之，每当我和你在一起，时间就过得好快呀。

元稹写诗："不是眼前无外物，不关心事不经心。"

他们两个人双双过了制举考试，白居易还是万年老四，而元稹则一举夺魁，成了全长安城最靓的仔。

考试结束后的两个人，难得放飞自我，登塔郊游、寻花问柳。

在秦楼楚馆的嬉闹中，白居易向元稹劝酒，元稹挤眉弄眼地说："君今劝我醉，劝醉意如何？"

三

元稹是第一名，从一开始就在中央担任左拾遗，而白居易则被外放为盩厔县尉，几年后才调到中央，得以和元稹同列为官。

在第一天上朝的时候，元稹看向白居易，说：

切愧寻常质，亲瞻咫尺姿。
日轮光照耀，龙服瑞葳蕤。

——元稹《酬翰林白学士代书一百韵》（节选）

能撸铁能扛刀的白居易突然害羞地笑了，写诗说：

每列鹓鸾序，偏瞻獬豸姿。
简威霜凛冽，衣彩绣葳蕤。

——白居易《代书诗一百韵寄微之》（节选）

在元和初年，他们二人联手发起了文学史上浩浩荡荡的新乐府运动，在朝堂之上针砭时弊、仗义执言，成了一对同进同退的谏官双子星。

而他们二人最神奇也最为人所津津乐道的，莫过于元和四年（809）的那场千里神交。

那年元稹任监察御史，出使东川，走了一段日子后，白居易和弟弟白行简、朋友李建一起去曲江游玩，三人一起饮酒赋诗，正喝得兴起，白居易一拍脑门，说："算算日子，元微之现在应该快到梁州了吧。"

借着醉意，他写了一首《同李十一醉忆元九》。

花时同醉破春愁，醉折花枝作酒筹。
忽忆故人天际去，计程今日到梁州。

而神奇的是，就在同一天，元稹竟真到了梁州，而且在驿站小憩的时候，还梦见了自己与白居易、李建等人同游曲江的画面。

忽而被外面吵醒，他心头惆怅不已。

梦君同绕曲江头，也向慈恩院院游。
亭吏呼人排去马，忽惊身在古梁州。

时间、地点、人物，竟分毫不差，全然契合。这件事让白居易的弟弟白行简惊奇不已，这也太不可思议了吧！

白行简把这个故事写入了唐传奇，现如今，更是成了元白二人千里神交的佳话。

不久之后，元稹在敷水驿与宦官发生冲突，被对方打得头破血流，这件事上达天听，皇帝与宰相袒护宦官，反而把元稹贬到了江陵。

白居易闻知此事，怒不可遏，再三上书施救，他用事实告诉他，生死之交，不只是说说而已。

元稹离开的时候，白居易没有去送他，他告诉元稹，就算天各一方也没关系，我们还可以互相寄诗联系。

他说："同心一人去，坐觉长安空。"

他给元稹寄诗，说：

渺渺江陵道，相思远不知。
近来文卷里，半是忆君诗。

——白居易《忆元九》

元稹也回了一首诗，说：

官家事拘束，安得携手期。
愿为云与雨，会合天之垂。

——元稹《酬乐天》（节选）

江陵偏远之地，不比京师，元稹到了那里不久便病倒了，再加上之前元稹得罪了藩镇势力，如今更是被地方的节度使恶意对待。

白居易得到消息，他怕地方的医疗条件跟不上，特意在京城买了药，给元稹寄去，还说："怜君独卧无言语，唯我知君此夜心。"

元稹收到了药，为了不让好友担心，专门回诗说："唯有思君治不得，膏销雪尽意还生。”

你的药很灵，我的身体也好了，你放心吧。

白居易又回诗说：

春来无伴闲游少，行乐三分减二分。
何况今朝杏园里，闲人逢尽不逢君。

——白居易《曲江忆元九》

四

元和十年（815），白居易被皇帝贬谪江州。

彼时元稹在通州害了疟疾，奄奄一息，在得知了好友的遭遇后，竟回光返照，从生死线上挣扎了起来。

残灯无焰影幢幢，此夕闻君谪九江。
垂死病中惊坐起，暗风吹雨入寒窗。

——元稹《闻乐天授江州司马》

他知道白居易被贬的前因后果，王涯卖友求荣、背后捅刀，元稹带着病容，护短地告诉世人，哪怕这世上所有人都弃他于不顾，还有个我会站在他身后，为他撑起一片明亮的天空，这点从我成为他朋友的那一刻，就注定这场友谊不死不休。

白居易在被贬途中，思虑再三，终于也给元稹写了一封《与元

微之书》，字里行间情真意切。

> 微之微之！不见足下面已三年矣，不得足下书欲二年矣。人生几何，离阔如此？况以胶漆之心，置于胡越之身，进不得相合，退不能相忘，牵挛乖隔，各欲白首。微之微之，如何如何！天实为之，谓之奈何！（节选）

而元稹这边，明明自己已经病骨支离，可在获知了白居易被贬的讯息后，他心慌意乱，想的念的全是白居易的安危。

如今终于收到了乐天的信，那一刻，他的泪水夺眶而出，竟哭了起来。

> 远信入门先有泪，妻惊女哭问何如。
> 寻常不省曾如此，应是江州司马书。
>
> ——元稹《得乐天书》

这一时期，他们也曾互诉衷肠，有很多有趣的日常。

比如白居易梦到了元稹，就给他写诗一首。

> 晨起临风一惆怅，通川湓水断相闻。
> 不知忆我因何事，昨夜三回梦见君。
>
> ——白居易《梦微之（十二年八月二十日夜）》

而元稹得到书信后，也调侃白居易，回上一首诗。

山水万重书断绝，念君怜我梦相闻。
我今因病魂颠倒，唯梦闲人不梦君。

——元稹《酬乐天频梦微之》

元和十三年（818），白居易去忠州任职，而元稹也转任虢州长史，他们一个溯江而上，一个顺江而下，竟在夷陵不期而遇。

同是身在逆境，又是久别重逢，他们在客栈抵足而眠，留宿了三天三夜，这才依依不舍地惜别。

阁中同直前春事，船里相逢昨日情。
分袂二年劳梦寐，并床三宿话平生。

——白居易《答微之咏怀见寄》（节选）

白居易说：“我想念我们一起在长安，当校书郎的时候了。”

元稹说：“我也很怀念那段时光啊，无忧无虑的，多好。”

那时候的他们，抚琴赋诗、理佛问道，对未来都有着无限的憧憬，可后来，现实给了他们当头一棒，砸烂了他们的铮铮傲骨，于是元稹妥协了生活，白居易埋葬了梦想。

他们也曾书生意气，挥斥方遒，可最后，白居易颓废，元稹则开始黑化，变成了一个为达目的而不择手段的狠人。

曾经与宦官势不两立的元稹，开始依附宦官，还加入党争，投靠了李党，终于一跃而起，当上了他梦寐以求的宰相。

他与白居易之间的关系，也渐渐地开始破裂。

五

时局拨云诡谲，牛李党争愈演愈烈，元稹与裴度发生了矛盾，小人李逢吉则推波助澜，造谣说元稹私下派人刺杀裴度。

这件事被捅了出来，白居易又惊又怒，他不避私交，秉公直言，将抨击矛头指向了元稹，这是两个人的关系唯一一次降到了冰点。

最后的结果，是元稹与裴度两败俱伤，元稹失了相位，被贬为同州刺史。

在同州，元稹向白居易写诗剖明心迹，表示自己绝对没有刺杀过裴度：

荣辱升沉影与身，世情谁是旧雷陈。唯应鲍叔犹怜我，自保曾参不杀人。

——元稹《寄乐天二首》（节选）

而白居易似乎也意识到，自己误会了元稹，于是自请离开京城，外放到杭州担任刺史，除了他本人心喜江南外，还有个缘故，就是元稹也在那里。

苏州及彭泽，与我不同时。
此外复谁爱，唯有元微之。

——白居易《自吟拙什因有所怀》（节选）

他们二人见识过了人间的风雨，奋斗过、失意过、迷茫过，如今转了一圈，也终究是回到了原点。

在余生的晚景里，白居易和元稹都是掰着指头过日子的，如元稹给白居易写的那样：“垂老相逢渐难别，白头期限各无多。”

元稹给白居易写诗，他说：

无身尚拟魂相就，身在那无梦往还。
直到他生亦相觅，不能空记树中环。

——元稹《寄乐天》（节选）

六

大和五年（831），元稹毫无征兆地暴病而亡，时年五十三岁。

噩耗传回，白居易怔愣了半天，颓然跌坐在地上，他没想到，元稹比自己小，却走在了自己的前头。

他忽而想起了，元稹被贬武昌，自己前去送别的场景。

原来真正的送别，没有长亭古道，没有杨柳依依，更没有劝君更尽一杯酒，就是在一个和往常一样的清晨，有的人走了，从此再也没有回来。

不久，元稹的灵柩被运回咸阳安葬，白居易亲自为之撰写墓志铭，字字泣血：

嗟哉惜哉！道广而俗隘，时矣夫！心长而运短，命矣夫！呜呼微之，已矣夫！

多少年后，白居易在洛阳闲居，自号香山居士，在他的《修香山寺记》中，有这样的句子：

予早与故元相国微之，定交于生死之间，冥心于因果之际。

他想起了当初他们在华阳观的时光，少年鲜衣，意气疏狂，万丈尘寰，那时他们是那长安城里最耀眼的一对少年。而今又一轮回，却无人提剑策马，再也寻不到像他们一样的少年。

在元稹去世九年后，有一个晚上，白居易梦到了元稹还活着，与自己携手同游大雁塔，元稹的笑容温暖如阳光，一如当年的模样。等到梦醒时分，一刹那的巨大落差向胸口沉重压来，已经年近古稀的白居易，此刻哭得就像个孩子。

夜来携手梦同游，晨起盈巾泪莫收。
漳浦老身三度病，咸阳宿草八回秋。
君埋泉下泥销骨，我寄人间雪满头。
阿卫韩郎相次去，夜台茫昧得知不。

——白居易《梦微之》

往后余生，这空荡荡的人间，就真的只剩下我一个人了啊。

只可惜，当年在华阳观，你我之间的那盘围棋，到最后还是没有下完。

对弈的人早已走远，又有谁会去推敲这红尘之外的一盘残棋？

后记

我原先是不打算写后记的。但如你所见，我还是写了，这本书付印的前夜，我从床上蹦起，心潮澎湃地捣鼓出了这么一篇东西。

让我改变主意的因由，得追溯到一个夜晚。

那是凌晨三点，我在梦中主宰乾坤，刚把魔教教主踩在脚下，正打算仰天狂笑，说上一两句“中二式”的台词，结果忽然有人打电话，把我从“笑傲江湖”的春秋大梦中揪了出来。

我快崩溃了，一边骂街一边问：“有话讲，有屁放！”

那人是个网络作者，一个文艺青年。

他语气诚挚地问：“我刚把您的《少年》读完，想来请教一下，您是如何写出那种少年感的？”

我深深地呼吸，努力平复我的起床气，总算忍住了把他揍一顿的冲动。

我说：“不好意思，我不知道。不要问我，江湖再见。”然后就把电话挂了。

现在，本人郑重声明，我当时并没有骗他。关于他的问题，我是真不知道。

你若是问我，那上一部《少年》，为何会有少年感？

好吧，我告诉你。少年感与文笔无关，与技法无关，甚至与天赋无关，它就不是学出来的，而是要求写出它的人，真的是个

少年……

我不是那种一开始就天赋异禀的作者。小学三年级我第一次写作文，被老师勒令三删五改，那份被语文支配的恐惧，现在想起来都还心有余悸。

所以我写书，写的是上蹿下跳的自己，少年时的自己。因为那时我还年轻，手中有剑，眼中有光，整天幻想自己是行将屠龙的勇者、迎着风车冲锋的堂吉诃德，不计较得失，不放弃梦想，所有明天都带着未知的希望，我会用笑容打败太阳，甚至妄想比太阳还要光芒万丈……那种汹涌和放肆占据了我整个的少年时光，现在光是回忆就很漫长。

可时间在变，那些指天指地的愿景会渐行渐远，光怪陆离的浪漫会成为被舍弃的残篇，就连那个提剑策马、意气疏狂的少年，也慢慢学会浑噩地混迹在市井之间。

原来真的没有什么是一成不变。这么多年，我在以自己都察觉不到的速度蜕变着，一点点失去，然后长大。是的，这是每个人都必须经历的一个过程，即便反抗，也停止不了。

记得我交稿后，编辑问我，这一部怎么写得这么悲观，没上一部那么欢快跳脱了？

我解释，因为这一部书的时代背景就是悲的，所以书的整体基调便成了悲剧。

但这算是我的借口。时代背景悲怆，我未必不能写得欢实。只是现在的我，早就没有写第一部时的那种坦率和热情了。

当初的我不谙世事，还未曾经历很多磨难，可以天天梦想仗剑江湖、浪迹天涯，现在却天天拧着眉头在床上谋划着还要几年才能追得上房价，那些率性而天真的东西，在成长的路上，走着走着就弄丢了，即使某天强行捡起，再把玩时，也只会觉得索然无味。

我想，人之所以不想长大，大概是因为只有少年才能酒后疾呼，才能肆无忌惮吧。

可人终究不会永远是少年。所以，第一部叫《少年安得长少年》。那本书中的主角，不论他们年轻时如何鲜衣怒马、万丈尘寰，最终还是会输给现实。再怎么不甘心都没用，等承认了这份不甘心，他们就长大了，不再是少年了。

或许我们没有去抓住未来的力量，到最后连自己都顾不上，踉踉跄跄不断奔跑、不断受伤，也未能抓住想要的，于是胸口总有那么一点遗憾，经年不歇。

因为这一点隐晦的遗憾，我写出了第二部《少年相思在长安》。

与第一部书名出自李贺的诗句不一样，第二部的书名，出自王小波在《万寿寺》中的一句话："一个人只拥有此生此世是不够的，他还应该拥有诗意的世界。对我来说，这个世界在长安城里。"

我承认，多少年后我长大了，不再年轻，不再炽热，披着现实的盔甲和这个社会干架，一会儿它毒打我，一会儿我暴捶它，也不知道最后会是握手言和，还是你死我活。这种狠劲儿持续得太久，让人几乎忘记自我。

这些年来，我辨不清自己究竟是失去的多还是得到的多，数不清有多少面目模糊的人如流水一样从我身边经过。只是我相信，总有一天我的眼睛会穿过岁月，追赶上那些远去的声色，回到充满诗意的长安城，在那里，曾经的自己在等着我，他其实一直都在，不曾远离。

所以，两部《少年》里的主角们，他们不会老去，永远都是那样鲜活地存在于长安城里。也许最后的结局也不过是那样，待到全书结束，他们只能陪我们走一段路，留下一段回忆，然后挥手再见。

哪怕再见之后，再也不见，也愿你依旧能沿着他们走过的痕迹，找到你心目中的长安。

附录　参考资料

一：古代典籍

旧唐书［M］.［五代］刘昫等撰. 北京：中华书局，1975

新唐书［M］.［宋］欧阳修，宋祁等撰. 北京：中华书局，1975

资治通鉴［M］.［宋］司马光等撰. 北京：中华书局，1956

唐会要［M］.［宋］王溥编. 北京：中华书局，1955

唐才子传［M］.［元］辛文房著. 北京：联合出版公司，2017

唐摭言［M］.［五代］王定保撰. 上海：上海古籍出版社，1978

唐语林［M］.［宋］王谠撰. 北京：中华书局，1987

全唐文［M］.［清］董诰等编. 北京：中华书局，1983

全唐诗［M］.［清］彭定求等编. 北京：中华书局，1960

沧浪诗话［M］.［宋］严羽著. 北京：崇文书局，2018

诗集传［M］.［宋］朱熹著. 上海：古籍出版社，1980

二：现代论著

隋唐史［M］. 岑仲勉. 北京：高等教育出版社，1957

隋唐五代史［M］. 王仲荦. 上海：上海人民出版社，2016

中国文学史［M］. 袁行霈. 北京：高等教育出版社，2014

唐诗宋词十七讲［M］.［加］叶嘉莹. 北京：北京大学出版社，2015

叶嘉莹说中晚唐诗［M］.［加］叶嘉莹. 北京：中华书局，2008

唐学与唐诗［M］. 查屏球. 北京：商务印书馆，2001

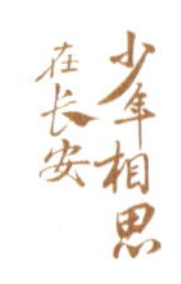

韩愈传［M］. 李长之. 北京：新世界出版社，2017

刘禹锡白居易诗选评［M］. 彭万隆、萧瑞峰. 上海：上海古籍出版社，2002

柳宗元评传［M］. 孙昌武. 北京：中华书局，2020

白居易［M］. 王拾遗. 上海：上海人民出版社，1957

元白诗笺证稿［M］. 陈寅恪. 北京：生活·读书·三联书店，2001

历史的倒影：元稹传播接受史［M］. 周相录. 上海古籍出版社，2019

李商隐传［M］. 董乃斌. 上海：上海古籍出版社，2012

晚唐风韵：杜牧与李商隐［M］. 葛兆光、戴燕. 苏州：苏州古籍出版社，1991

晚唐：九世纪中叶的中国诗歌（827-860）［M］. [美]宇文所安. 北京：生活·读书·三联书店，2011